Turkish

Asuman Çelen Pollard
and David Pollard

TEACH YOURSELF BOOKS

For UK orders: please contact Bookpoint Ltd, 130 Milton Park, Abingdon, Oxon OX14 4SB. Telephone: (44) 01235 827720, Fax: (44) 01235 400454. Lines are open from 09.00–18.00, Monday to Saturday, with a 24-hour message answering service. You can also order through our website www.madaboutbooks.com

For U.S.A. order enquiries: please contact McGraw-Hill Customer Services, P.O. Box 545, Blacklick, OH 43004-0545, U.S.A. Telephone 1-800-722-4726. Fax: 1-614-755-5645.

For Canada order enquiries: please contact McGraw-Hill Ryerson Ltd., 300 Water St, Whitby, Ontario L1N 9B6, Canada. Telephone: 905 430 5000. Fax: 905 430 5020.

Long renowned as the authoritative source for self-guided learning – with more than 30 million copies sold worldwide – the *Teach Yourself* series includes over 300 titles in the fields of languages, crafts, hobbies, business and education.

British Library Cataloguing in Publication Data
A catalogue record for this title is available from The British Library

Library of Congress Catalog Card Number: On file

First published in UK 1996 by Hodder Headline, 338 Euston Road, London NW1 3BH.

First published in US 1996 by Contemporary Books, A Division of The McGraw-Hill Companies, 1 Prudential Plaza, 130 East Randolph Street, Chicago, Illinois 60601 U.S.A.

The 'Teach Yourself' name and logo are registered trade marks of Hodder & Stoughton Ltd.

Copyright © 1996 David Pollard and Asuman Çelen Pollard

In UK: All rights reserved. No part of this publication may be reproduced or transmitted in any form or by any means, electronic or mechanical, including photocopy, recording, or any information storage and retrieval system, without permission in writing from the publisher or under licence from the Copyright Licensing Agency Limited. Further details of such licences (for reprographic reproduction) may be obtained from the Copyright Licensing Agency Limited, of 90 Tottenham Court Road, London W1T 4LP.

In US: All rights reserved. Except as permitted under the United States Copyright Act of 1976, no part of this publication may be reproduced or distributed in any form or by any means, or stored in a database or retrieval system, without the prior written permission of Contemporary Books.

Typeset by Transet Limited, Coventry, England.
Printed in Great Britain for Hodder & Stoughton Educational, a division of Hodder Headline Ltd, 338 Euston Road, London NW1 3BH by Cox & Wyman Ltd, Reading, Berkshire.

Impression number	19	18	17	16	15	14	13	12	
Year		2007	2006	2005	2004	2003	2002		

CONTENTS

About the authors

Asuman Çelen Pollard was born in northern Turkey and spent her childhood in İzmir. She spent many years in İstanbul teaching both English and Turkish as a foreign language. Since 1992 she has taught Turkish at the Centre for Byzantine and Ottoman Studies at the University of Birmingham and at the Brasshouse Language Centre.

David Pollard was born in northern England and spent his childhood in the stalls at the cinema. After teaching English as a foreign language in Switzerland, Bulgaria and Turkey, he became a computer analyst-programmer. Since 1989 he has produced educational software and is now Aston University's computer-assisted learning specialist.

Dedication

For Vanessa.

── INTRODUCTION ──

Teach Yourself Turkish is a complete course for beginners in spoken and written Turkish. It is suitable for those who wish to acquire a small amount of the language to get the most out of a visit to Turkey. It is also ideal for those who require a deeper knowledge of the language in order to communicate effectively in a range of everyday situations. The authors have focussed on Turkish as spoken in İstanbul at the turn of the 21st century.

We assume no previous knowledge of foreign language learning and avoid grammatical terminology where possible. Where such terms are unavoidable, we explain them in plain lay English. Completing this book will give you an intermediate-level knowledge of both spoken and written Turkish. You will be able to communicate at a level equivalent to the Council of Europe's Waystage guidelines.

We have designed this book for self-tuition and so it is wholly self-contained. It is, however, also ideal for study with a teacher. There are 16 carefully graded and interlocking units. Each unit introduces new language structures firmly embedded in a functional context. This means you concentrate on the uses to which you can put the language. We introduce the bricks and mortar of Turkish in small, digestible chunks as and when they are essential to allow you to communicate further.

Above all else, *Teach Yourself Turkish* uses language which is *meaningful*.

Each unit starts with an opening dialogue accompanied by simple comprehension questions and notes about the language or Turkish culture. Then a small number of language points are explained, using plenty of examples to illustrate them. The exercises which follow are an essential part of each unit. Open-ended questions have been avoided so you do not need feedback from a teacher – you can complete all the exercises using just the answer key. Each unit ends with a second, shorter dialogue which is linked to the opening one.

For self-study we strongly recommend that you use the companion cassette containing the pronunciation guide and all the dialogues.

How best to learn using this book

Turn off the telly, pour a large drink and find a comfy chair. Take a piece of paper and draw three columns on it. In the first column, write down three reasons for wanting to learn Turkish. Have a drink. In the centre column write three things in your life that might prevent you from learning Turkish. If your glass is empty now, go and refill it. In the last column, now write down the three ways in which you will tackle the items in the centre column. When you've completed this task, pin the paper on the wall somewhere prominent.

Before starting unit 1, read the Introduction to the Turkish language. It tells you what there is in store when you learn Turkish. Do not try to memorise it – once you've read it you can refer back to it if you need it! Now move on to the section on the alphabet and pronunciation; listen to the 'phrase book' a few times, each time paying attention to a different letter.

Then go on to the first unit. For each unit, you can choose whether you read the dialogue (**Konuşma**) first or listen to it first or do both together. Whichever way you do it, listen to and read it a number of times. Don't worry if you do not understand everything. Don't go crazy with the rewind button of the cassette player trying to catch a single word – your understanding will improve as time goes on. Likewise, don't try to learn all the items in the vocabulary box off by heart – the vocabulary box will still be there tomorrow! Look things up as you need them and expect to look them up more than once in the future. Having looked things up once, the next time you read the dialogue you will remember roughly what's going on and might be able to work out the meaning of unknown pieces of language from the context. In real life, people do not learn lists of vocabulary – they are simply exposed to words over and over again in a context which they know, and in the end (with a little looking-up or asking) things stick.

So – expose yourself, then copy. Talk along with the dialogues as you get to know them and imitate what you hear. Don't be afraid to make mistakes – the more exaggerated your imitation of what you hear, the better you'll be doing. Relax and enjoy yourself.

After checking your understanding of the dialogue by answering three or four comprehension questions (**Sorular**), sit back (refill your glass if necessary) and read the language points (**Dilbilgisi**). Take the language points slowly. If, after reading two of the points you feel you've had enough, go back to the dialogue or to a previous unit. The examples provided with these explanations are well worth studying – on a second reading you might skip the explanation and try to remember what the grammar point was just by looking at the examples.

The exercises (**Alıştırmalar**) are where you have fun and games. They're not tests – refer back to the language point explanations or crib the answers from the key if you must! Wherever possible, we've made it necessary for you to understand the meaning of the language involved in order to complete the tasks set. So they'll get you thinking and without your knowing it – learning. If you want to write the answers in the book, do so in pencil. Then you have the option of rubbing them out later and testing your wits again in the future. When you have completed a couple of units, go back to the exercises in earlier units – it's very satisfying to find them easier to do than the first time around. The exercises are an essential part of the book.

There is no task associated with the closing dialogue of each unit (**Konuşma 2**). Read it and listen to it more than once. This dialogue sometimes rounds off the opening dialogue, includes some of the language you've learned in the unit and sometimes gives a gentle hint of what's to come in the next unit.

As well as the key to the exercises at the back of the book, there is a short grammar reference (Appendix), a Turkish–English glossary and an index to the grammar points.

So – in language learning is there such a thing as gain *without* pain? The answer is yes, if you put in the effort. Putting in effort need not be painful. As mentioned above, if you find something a bit difficult, *cheat* (no-one will know)! You learn better when you are relaxed, so adjust your study to fit your schedule and – most importantly – your attention span. Two half-hour sessions may be of more benefit than a solid hour's toil. If you really want to get on, however, be systematic in putting time aside and using it. If your target is to spend four hours a week on Turkish, keep a log of the time you do spend and then reward yourself for having achieved it.

Don't expect everything to stick the first time you hear or read it – make one in every three sessions a revision session, looking back at earlier sections rather than ploughing ahead.

Finally, if you've never learned a foreign language before, prepare yourself for the thrill of the first time you actually use what you've learned – when you understand a street sign or a snippet of conversation or make yourself understood in a shop.

How to supplement Teach Yourself Turkish

Talk to Turkish people. Listen, make mistakes, laugh, enjoy it.

Failing that, watch Turkish television. Television is great for placing language in context. You can watch an action film in any language and always understand what's going on! The language you hear whilst watching is invaluable exposure. If you do not live in Turkey, see if you can access Turkish satellite without breaking the bank. If not, borrow videos from Turkish friends. Watch whilst relaxing; you can even leave the television on in the the background when you're doing something else. It all rubs off.

Teach Yourself Turkish doesn't exist in a vacuum; it's not the only textbook for learning Turkish. If you are a really serious learner, start to work your way through a different textbook during one of your revision sessions, once you have got part way through *Teach Yourself Turkish*.

Although the Turkish–English glossary at the back of the book contains all the words within this book, we suggest you buy a dictionary. A good one for the desktop is the *Langenscheidt Standard*. Take time to familiarise yourself with its abbreviations, and if you are ever unsure about the correct meaning of a word, look it up both ways so that you will be able, for example, to spot the difference between the 'down' with which you stuff pillows and the 'down' which is the opposite of 'up'.

When planning a trip to Turkey, a phrase book may be a handy companion to *Teach Yourself Turkish*. Bengisu Rona's *BBC Phrase*

Book (BBC, 1995) is concise, usable and even readable! Keep it in your pocket and dip into it during quiet moments.

Early on in your studies find something real to read, such as Turkish magazines, comics or newspapers. If you have access to the internet, spend a few moments searching for items in Turkish – you may turn up anything from collections of Turkish poems to the life story of Atatürk to a tour of İstanbul.

As any language is best understood within its context, so is a good knowledge of Turkish inextricably linked with a knowledge of the countries in which it is spoken. To complement *Teach Yourself Turkish*, we recommend any form of reading about Turkish people and places. Of numerous guide books, we enjoyed *The Rough Guide* by Rosie Ayliffe, Marc Dubin and John Gawthrop (Rough Guides, 1994). *Culture Shock! Turkey* by Arın Bayraktaroğlu (Kuperard, 1996) is an outstanding introduction to modern Turkish culture. Jeremy Seal's travel book *A Fez of the Heart* (Picador, 1995) is also an entertaining read with much insight.

Life after this book

Once you have completed this book, you will be able to communicate in a variety of everyday situations and have a sound knowledge of the major grammar points of Turkish. But what then? Like *Teach Yourself Turkish*, most textbooks are aimed at beginners, so they may not be of interest to you. You might try Book Three of *Türkçe Öğreniyoruz*, otherwise known as *Türkisch Aktiv*, by Mehmet Hengirmen and Nurettin Koç (Engin, 1990). It is designed for classroom use rather than self-study but is at roughly the right level. As a grammar reference, we recommend G. L. Lewis's *Turkish Grammar* (Oxford, 1967) which is very rewarding if you're happy to grapple with grammatical terms. Meanwhile, concentrate on reading real Turkish with the aid of a dictionary.

Your most rewarding course of action may be to enrol in an intermediate or advanced course in Turkish. Details are available from the CILT (Centre for Information on Language Teaching and Research) in London or Ankara University's TÖMER (Turkish Teaching Centre) which has branches throughout Turkey.

INTRODUCTION
— TO THE —
TURKISH LANGUAGE

Why learn Turkish?

Learn modern Turkish and you will be able to communicate with

- 60 million inhabitants of Turkey;
- a few million people indigenous to Northern Cyprus, Bulgaria, Romania and other parts of the Balkans;
- a few million members of recently founded Turkish communities in Australia, Belgium, Britain, Germany, Holland and other western countries.

You will also be able to get by in Turkish with over 100 million speakers of closely related Turkic languages which are spoken in the areas shaded black in the map below.

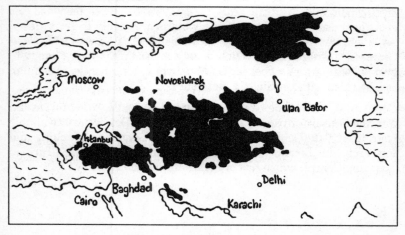

Features of Turkish

We have some good news and some bad news for you. The bad news is all related to the fact that Turkish is simply *different* from western European languages. Let's look at the bad news first:

- Turkish uses 'vowel harmony' – a feature unknown to English speakers.
- Where English uses a separate word, Turkish often adds an ending to an existing word.
- The word order appears odd.
- Turkish vocabulary is mostly unrelated to western languages.

The good news is more important. It tells you that once you adjust to the fact that Turkish does things differently, it is a very regular and logical language:

- Nouns do not have different genders – you do not have to remember whether a thing is masculine or feminine like you do in French or German.
- Turkish grammar is very regular – learn a rule, and there are usually no exceptions.
- Once you know a little vocabulary and a few rules about vocabulary building, then guessing at the meanings of new words is a piece of cake.

The way in which Turkish works is absolutely fascinating. The more you know, the more you are surprised by its simplicity.

Agglutination

Where English uses a number of words, Turkish often uses only one. For example, the phrase *you will be able to come*, is the single word **gelebileceksin**.

Where English adds meaning to the verb *come* by placing other words in front of it, Turkish adds meaning to the verb **gel** by tagging endings onto it: **gel** (*come*) **-ebil** (*be able to*), **-ecek** (*will*), **-sin** (*you*).

The technical word for this way of doing things is *agglutination*, which means 'sticking bits together'. Turkish is an agglutinating language.

Vowel harmony

When you agglutinate in Turkish, most of the endings usually have to rhyme, or harmonise, with the word you're adding them to. In order to be able to rhyme like this, the endings have a number of different forms.

There are two types of ending:

- 'e' endings which contain the letter **e**. They have two possible forms. For example, the ending **-le** can be either **-le** or **-la**.
- 'i' endings which contain the letter **i**. They have four possible forms. For example, the ending **-iyor** can be **-iyor**, **-ıyor**, **-üyor** or **-uyor**.

The knack lies in knowing which of the two, or four, forms to use. This knack is explained in Unit 1 and in the grammar reference (Appendix) on page 254.

Word order

The basic word order in Turkish is *the woman the book read*. The subject (the person or thing performing the action) comes first, the verb (the action word) comes at the end, and the object (the person or thing having the action done to it) comes in between. So the basic order is 'subject – object – verb'. For example:

Kadın kitabı okudu.   literally *The woman the book read*.

Word order is described in more detail in the grammar reference (Appendix) on page 255. For now, it is enough to be aware that you need to do a bit of juggling to work out the English equivalent of anything in Turkish.

Vocabulary building

Guessing the meanings of words is good fun. **Gazete** means *newspaper*, and **gazeteci** means *journalist*. **Eski** means *old*, and **eskici** means *rag-and-bone man*.

Question: If **deniz** means *sea*, what's the Turkish word for *sailor*? (The answer is in the key on page 247.)

THE ALPHABET
AND PRONUNCIATION

The bad news:

- There are a few extra letters which English does not have.
- A few of the letters which English has stand for different sounds in Turkish.
- Where you place the stress in a word is different from English.

The good news:

- You pronounce Turkish in exactly the same way as you spell it.
- Each Turkish letter stands for a single sound.

The alphabet

Here is the Turkish alphabet:

Aa, Bb, Cc, Çç, Dd, Ee, Ff, Gg, Ğğ, Hh, Iı, İi, Jj, Kk, Ll, Mm, Nn, Oo, Öö, Pp, Rr, Ss, Şş, Tt, Uu, Üü, Vv, Yy, Zz

1 Which English letters are missing?
2 Which letters does Turkish have which English does not?
3 How many vowels are there?

The answers are in the key on page 247.

Vowels

All of the Turkish vowels are 'short'. That is, you pronounce the Turkish **u** as in northern English *supper*, *not* as in *super*. You will notice Turks making mistakes when they 'spik' English because they make all their vowels short. The same happens in reverse – Turkish vowels are often made too long by 'Eengeeleesh' speakers!

Here are some notes on how to pronounce each vowel. Bear in mind the above comments about vowel length.

We have the following vowels in English:

A a   as the *a* in *cat* pronounced by a northern English person; or the *u* in *cup* pronounced by a Londoner or Australian.
E e   as the *e* in *get*.
İ i   as the *i* in *it*.
O o   as the *o* in *box*.
U u   as the *u* in *pull*.

We don't have these ones:

I ı   as the *i* in *cousin* or the *er* in *butter*.
Ö ö   as the German *ö* or as the *eu* in the French word *deux*, or as the *i* in *bird*.
Ü ü   as the German *ü* or as the *u* in the French word *tu*.

For those of you who know no French or German, *ü* is a sound half-way between the English *e* and the English *u*.

Note the difference between İ or i with a dot and I or ı without a dot.

In English we do not always pronounce every vowel. For example, we do not pronounce the *e* on the end of the English word *bale*. Turkish is different – you always pronounce all the letters no matter what their position. So you pronounce the Turkish word **bale** as *baleh*.

Consonants

Most of the Turkish consonants sound the same as they do in English.

You pronounce three of them differently:

C c   as the *j* in *John*.
J j   as the *j* in the French word *Jacques*, or as the *s* in *pleasure*.
V v   a sound half-way between the English *w* and *v*.

There are also three consonants which we don't have in English:

Ç ç   as the *ch* in *child*.

Ş ş as the *sh* in *show*.
Ğ ğ this letter has no sound!

The letter **ğ** is called **yumuşak g**, which means *soft g*. It always comes after a vowel and turns that vowel into a long sound. You might think of it as doubling the vowel before it. Thus, think of **sağ** as *saa* or think of **öğle** as *ööle*. There are no words beginning with **ğ**.

In English we do not always pronounce some consonants. Examples of this are the *h* at the start of words or *r* at the end of words. Turkish is different – you always pronounce all the letters.

Accent

Accents are difficult to get right in any language – even your own! It is unlikely that you could imitate many English accents well without specialist training or extensive exposure to the accent.

You should not worry too much about acquiring the perfect Turkish accent. An accent good enough to be understood will do for most people. However, when pronouncing words, don't be afraid of imitating Turkish accents you hear – you will not make a fool of yourself and no one will think you are making fun of the language. Relax and copy!

Stress

When listening to Turkish you may not always notice where a word is stressed, as stresses are very light in Turkish.

As a crude rule of thumb, you stress the *last* syllable of a word.

Exceptions to this rule are given in the grammar reference (Appendix) on page 256.

Rhythm

When we listen to someone speak, we don't just listen to the words to understand the meaning; we also listen to the rhythm. Turkish rhythm is different from English rhythm.

If a Turk has not mastered English rhythm, we find it difficult to understand them when they speak English. This can happen even though they pronounce each syllable of each word correctly. Our ears expect the English rhythm, and we have to concentrate in order to adjust to speech which hasn't got it. Similar problems occur in reverse if we use our English rhythm when we speak Turkish.

Question: How can you get the rhythm?
Answer: Listen, listen, listen and copy, copy, copy.

Rhythm is not something which is easy to get right by conscious effort. You need exposure to it. If you cannot spend time in the company of Turkish speakers, you can gain exposure by listening time and again to the audio cassette which accompanies this book. Play it in the background when you're not really listening to it. Irrespective of whether or not you understand the words, you will still hear the rhythm. Better still, use satellite television or videos recorded by Turkish friends in the same way.

PRONUNCIATION PRACTICE – SURVIVAL GUIDE

 As well as introducing you to Turkish pronunciation, this section will give you a kick-start in survival words and phrases. Listen to the 75 items below whilst looking at how they are spelt. Repeat the words aloud as you hear them.

Basics

evet	*yes*
hayır	*no*
lütfen	*please*
sağ olun	*thank you*
merhaba	*hello*
hoşça kalın	*goodbye*
nasılsınız?	*how are you?*
iyiyim	*I'm fine*
pardon	*excuse me*

Talking

anladım	*I understand*
anlamadım	*I don't understand*
tekrar	*again*
yavaş	*slowly*
ne demek?	*what does it mean?*
İngilizce	*English*
Türkçesi ne?	*what is it in Turkish?*

Shopping

kaç para?	*how much (money)?*
ucuz	*cheap*
pahalı	*expensive*
var	*there is some*
yok	*there isn't any*
pul	*stamp*
jeton	*token for use in a public telephone*

Eating

bakar mısınız!	*waiter! excuse me!*
fiyat listesi	*price list*
hesap	*bill*
öğle yemeği	*lunch*

Directions

nerede?	*where?*
sol	*left*
sağ	*right*
düz	*straight on*
kaç kilometre?	*how many kilometres?*

Travelling

ne zaman?	*when?*
hangi otobüs?	*which bus?*
ilk	*first*
son	*last*
bilet	*ticket*
burada	*here*
inecek var	*I want to get out / off*

Accommodation

bir kişi	*one person*
bir gece	*one night*

sıcak su	*hot water*
devamlı su	*non-stop water*
kahvaltı dahil	*breakfast included*

Times

dakika	*minute*
saat	*hour*
gün	*day*
hafta	*week*
önce	*earlier / ago*
şimdi	*now*
sonra	*later*
dün	*yesterday*
bugün	*today*
yarın	*tomorrow*

Numbers

az	*little*
çok	*a lot*
bir	*one*
iki	*two*
üç	*three*
dört	*four*
beş	*five*
yüz	*hundred*
bin	*thousand*
milyon	*million*
milyar	*billion*

Places

tuvalet	*toilet*
postane	*post office*
eczane	*chemist's*
otogar	*bus station*
iskele	*jetty, ferry stop*
bakkal	*grocer's shop*

Trouble

imdat!	*help!*
kaza	*accident*
doktor	*doctor*
çok ayıp!	*shame on you!* (use this to repel unwanted advances)

Listen to the above words a number of times, each time concentrating on a different letter. Pay particular attention to:

- the letters **c, ç, ğ, ı, İ, j, ö, ş** and **ü**;
- how the words are stressed;
- the fact that you pronounce every letter of every word.

1
EKMEK VAR MI?

In this unit you will learn how to

- exchange greetings and farewells
- ask for goods in shops
- ask simple questions and make simple statements

Konuşma *(Dialogue)*

Karen is on holiday. She goes into the local grocer's to buy some food to make breakfast. She's keen to use the Turkish she's learned.

Karen Merhaba.
Bakkal Günaydın efendim.
Karen Ekmek var mı?
Bakkal Var.
Karen Bir ekmek lütfen. *(points at a sausage)* Bu ne? Salam mı?
Bakkal *(the grocer tuts)* Salam değil, sucuk.
Karen Güzel mi?
Bakkal Çok güzel.
Karen Yüz gram sucuk lütfen.
Bakkal Tabii efendim.
Karen Yeşil zeytin var mı?
Bakkal Yeşil zeytin yok. Siyah var.
Karen Peki. İki yüz gram lütfen.

günaydın *good morning*	**sucuk** *garlic sausage*
bakkal *grocer*	**güzel** *nice*
efendim *Madam (or Sir)*	**çok** *very*
ekmek *bread*	**yüz** *hundred*
var *there is*	**gram** *gramme*
var mı? *is there?*	**tabii** *certainly*
bir *one*	**yeşil** *green*
lütfen *please*	**zeytin** *olive*
bu *this*	**yok** *there isn't*
ne *what*	**siyah** *black*
salam *salami*	**peki** *OK*
salam mı? *salami?*	**iki** *two*
salam değil *not salami*	

Sorular (Questions)

Read the dialogue and answer the following questions with **var** or **yok**.

1 Ekmek var mı?
2 Salam var mı?
3 Yeşil zeytin var mı?
4 Siyah zeytin var mı?

(The answers are on page 247.)

�֍ Notlar *(Notes)*

A little goes a long way

This conversation, although monosyllabic, is quite natural. You can get quite a long way in Turkey using the words **var**, **yok**, **ne** and **mi**!

Tut, tut!

In Turkey it is quite polite to say *no* simply by using body language. To do this, raise your eyebrows and give a single tutting sound.

Pigeon?

Note how you don't need the words *it* or *is* in the sentence **Salam değil, sucuk**. To a new learner this may feel incomplete, a little like *Me Tarzan, you Jane*. It is, however, quite normal in Turkish.

—— **Dilbilgisi** *(Language points)* ——

1 Greetings and farewells

günaydın	*good morning*
iyi akşamlar	*good evening* (used from late afternoon onwards)
merhaba	*hello*
selam	*hello*

The easiest of these to learn is **merhaba**, which you can use at any time of day.

iyi günler	*good day*
iyi akşamlar	*good evening*
iyi geceler	*good night*
hoşça kalın	*bye bye*

The easiest and safest of these is **hoşça kalın**, which you can use at any time.

2 Plurals

Making them

Words which name things (objects, ideas, people or places) are called nouns. In English, we make nouns plural by adding an *-s* on the end. In Turkish, you add either **-ler** or **-lar** instead.

gün	gün*ler*
akşam	akşam*lar*
gece	gece*ler*
televizyon	televizyon*lar*

Question: How do you decide whether to add **-ler** or **-lar** to a word?
Answer: Choose which one rhymes best with the *last* vowel in that word.

-ler harmonises best with **i, e, ö, ü**
-lar harmonises best with **ı, a, o, u**

This is one of the rules of vowel harmony. The **-ler** ending is an 'e-type' ending.

Using them

Turkish sometimes uses plural forms where English uses singular forms, for example:

gün	*day*
iyi günler	*good day*
şans	*luck*
iyi şanslar!	*good luck!*

At other times, Turkish uses a singular form where English uses a plural! This occurs when there is a number before the noun, for example:

iki gün	*two days*
üç bilet	*three tickets*
yüz gram	*one hundred grammes*

3 Mı? mi? mu? *or* mü?

You can turn a simple statement into a question by adding **mı**, **mi**, **mu** or **mü** to the end of the statement. These are four versions of the same word.

Question: How do you decide which version to use?
Answer: Choose which one rhymes best with the *last* vowel in the word before it.

In the following examples, the two rhyming letters are shown in italics.

İskoçyal*ı* m*ı*?	*(Is he) Scottish?*
Par*i*s m*i*?	*(Is it) Paris?*
İstanb*u*l m*u*?	*(Is it) Istanbul?*
T*ü*rk m*ü*?	*(Is he) Turkish?*

The above examples are quite straightforward as the two vowels which need to rhyme are exactly the same. Sometimes, however, the last vowel of the preceding word may not be **i, ı, ü** or **u**, but may be **e, a, ö,** or **o**. In such cases you use the form which sounds the closest. For example:

Rom*a* m*ı*?	*Rome?*
B*e*n m*i*?	*Me?*
Televizy*o*n m*u*?	*Television?*
Şof*ö*r m*ü*?	*Driver?*

From these examples you can see that:

mı comes after **ı, a**
mi comes after **i, e**
mu comes after **u, o**
mü comes after **ü, ö**

This is one of the rules of vowel harmony. The word **mi** is an 'i-type' ending.

Do not try to learn the rules of vowel harmony by heart. Whenever you hear or read Turkish you will come across them and you will come to know which endings to use instinctively. Meanwhile, as a beginner and a foreigner there is little to worry about, for even if you do not always harmonise your vowels correctly, it will not affect the actual meaning of what you are saying! Everyone makes mistakes. They are an integral and important part of learning.

4 Adjectives

Adjectives are words which describe what things are like. Here are some examples in Turkish:

güzel	*nice, beautiful*
beyaz	*white*
iyi	*good*
memnun	*happy*
sıcak	*hot*
soğuk	*cold*
büyük	*big*
küçük	*small*
boş	*free, empty, vacant*
zor	*difficult*
kolay	*easy*

5 Var *and* yok

You will use these words frequently. **Var** means *there is* or *there are*, and **yok** means *there isn't* or *there aren't*. For example:

Problem var.	*There's a problem.*
Çay var mı?	*Is there any tea?*

Ekmek yok mu?
Problem yok!

Isn't there any bread?
No problem!

6 Değil

In order to make a simple statement negative, you place **değil** after the noun or adjective which you wish to make negative.

Salam değil.   *It's not salami.*
Hava sıcak değil.   *The weather isn't hot.*

Değil mi? can be tagged onto any statement to ask *isn't it?* or *aren't they?*

Bu sucuk güzel, değil mi?   *This garlic sausage is nice, isn't it?*
Türkler, değil mi?   *They're Turks, aren't they?*

Değil mi? is like *n'est-ce pas?* in French.

7 Counting up to ten

sıfır	zero
bir	one
iki	two
üç	three

dört	four
beş	five
altı	six
yedi	seven
sekiz	eight
dokuz	nine
on	ten

8 Pleasantries

In Turkish there are set pleasantries for most occasions. Learn a few such phrases and you might get through the day saying little else! Here are three to get you going:

Phrase	When to use it
Afiyet olsun!	to someone who is eating or has just finished eating
Elinize sağlık!	to someone who has made you a meal
Kolay gelsin!	to someone working

For interest's sake, **afiyet olsun** literally means *may there be appetite*, **elinize sağlık** means *health to your hand*, and **kolay gelsin** means *may it come easy*. For now, don't worry about being able to translate these phrases directly into English.

 —————— **Alıştırmalar** *(Exercises)* ——————

The key to these exercises is on page 247.

1   Reorder the sentences below to form a meaningful dialogue.

(a)   – Bira var mı?
(b)   – Buyurun, iki şişe bira.
(c)   – İki şişe lütfen.
(d)   – İyi akşamlar efendim.
(e)   – Merhaba.
(f)   – Teşekkürler.
(g)   – Var.

bira *beer*	**şişe** *bottle*
buyurun *here you are*	**teşekkürler** *thanks*

2 Fill in the gaps in the sentences below using **mı**, **mi**, **mu** or **mü**.

    (*a*) İstanbul _____ ?
    (*b*) Bu salam, değil _____ ?
    (*c*) Bu akşam _____ ?
    (*d*) Altı _____ ?
    (*e*) Türk _____ ?
    (*f*) Kuşadası güzel _____ ?
    (*g*) Dört _____ ?
    (*h*) Bu oda boş _____ ?

3 Look at the photograph of the fast-food stand and say whether the statements are **doğru** (*true*) or **yanlış** (*false*).

    (*a*) Bira var.
    (*b*) Viski var.
    (*c*) Sıcak meşrubat var.
    (*d*) Soğuk meşrubat var.
    (*e*) Yemek yok.

viski *whisky*	**sosis** *sausage*
meşrubat *drink* (noun)	**köfte** *meatball*
su *water*	**yemek** *food*
patates *potato*	

4 The following dialogue takes place at a hotel reception. Fill in the gaps using the phrases on the right.

– _____ (a) _____ .
– İyi akşamlar efendim.
– _____ (b) _____
– Bir gece için mi?
– _____ (c) _____
– İki gece ... evet var. Pasaport lütfen.
– _____ (d) _____
– Teşekkürler. Buyurun, anahtar.
  Dört numara.
– _____ (e) _____

(i) İki.
(ii) Boş oda var mı?
(iii) Buyurun.
(iv) İyi akşamlar.
(v) Teşekkürler.

> **buyurun** *here you are*　　**numara** *number*
> **için** *for*　　**oda** *room*
> **anahtar** *key*　　**teşekkürler** *thanks*

5 Put these numbers in the correct order.

  sekiz on dört iki üç beş bir yedi altı dokuz

6 Make the following nouns plural by adding either **-ler** or **-lar**.

(a) anahtar
(b) İrlandalı
(c) kuaför
(d) sucuk
(e) gece
(f) polis
(g) Türk
(h) televizyon

> **İrlandalı** *Irishman/woman*　　**polis** *policeman*
> **kuaför** *hairdresser*

7 Answer the following questions with **evet** or a sentence containing **değil**. The first one has been done for you.

(a) Antarktika sıcak mı?
    Sıcak değil.
(b) İstanbul büyük mü?

(c) Deniz beyaz mı?
(d) Koka kola Amerikan mı?
(e) Paris küçük mü?
(f) Atatürk Türk mü?

8 Complete this table, which indicates how and when you can use various phrases.

Phrase	Greeting	Farewell	Time of day
(a) günaydın	✓	✗	*morning*
(b) hoşça kalın			
(c) iyi akşamlar			
(d) iyi geceler			
(e) iyi günler			
(f) merhaba			
(g) selam			

9 There are eight Turkish adjectives hidden in this square. One has been found for you.

ı	ğ	i	y	i	p	ş	ü
g	ö	n	ı	ğ	ö	ş	s
k	ğ	g	ü	z	e	l	ı
ğ	b	i	ö	ş	ö	ç	c
k	o	l	a	y	ü	ğ	a
ş	ş	i	s	o	ğ	u	k
ö	ş	z	ç	ü	ğ	ü	ö
a	m	e	r	i	k	a	n

Konuşma 2 *(Dialogue 2)*

Karen is still at the grocer's.

Karen Yarım litre süt lütfen.
Bakkal Buyurun. Bir küçük kutu süt.
Karen Bu süt taze mi, uzun ömürlü mü?
Bakkal Taze değil.

Karen	Taze süt yok mu?
Bakkal	Maalesef.
Karen	Tamam.
Bakkal	Başka?
Karen	Yok, teşekkürler. Hepsi ne kadar?
Bakkal	Üç yüz bin lira.
Karen	Buyurun.
Bakkal	Teşekkürler.
Karen	İyi günler.
Bakkal	İyi günler efendim.

yarım *half*	**tamam** *OK*
litre *litre*	**başka** *other* (here it means
süt *milk*	*anything else?*)
kutu *box, carton, tin*	**hepsi** *everything*
taze *fresh*	**ne kadar** *how much?*
uzun ömürlü *long-life*	**bin** *thousand*
maalesef *I'm afraid not*	**lira** *lira* (Turkish currency)

2
— İNGİLİZ MİSİNİZ? —

In this unit you will learn how to

- address people
- request and give personal details
- count
- use the Turkish for *am*, *are* and *is*

———— Konuşma ————

Alan has spent many previous holidays in Turkey. This year he is on a liner cruising in the Mediterranean. The ship has docked in Turkey for the first time, and as he disembarks a Turkish official checks his passport.

Memur İyi günler.
Alan İyi günler memur bey.
Memur Ah! Türkçeniz çok iyi.
Alan Sağ olun.
Memur Milliyetiniz ne? Alman mı?
Alan (*raises his eyebrows and tuts*) Hayır.
Memur İngiliz misiniz?
Alan Evet.
Memur Çok güzel. Pasaportunuz lütfen.
Alan (*hands over his passport*) Buyurun.
Memur Teşekkürler. Adınız ne?

Alan	Alan Hill.
Memur	Tamam. (*stamps passport and returns it*) Hoş geldiniz.
Alan	Hoş bulduk. İyi günler!
Memur	İyi günler efendim!

memur *official*	**Alman** *German*
Türkçe *Turkish*	**pasaportunuz** *your passport*
Türkçeniz *your Turkish*	**ad** *name*
çok *very*	**adınız** *your name*
milliyet *nationality*	**hoş geldiniz** *welcome*
milliyetiniz *your nationality*	**hoş bulduk** *happy to be here*

Sorular

Now answer the following questions about the dialogue.

1 Alan İngiliz mi?
2 Memur Türk mü?
3 Adınız ne?
4 Türkçeniz çok iyi mi?
(The answers are on page 247.)

✳ Notlar

It's easy to impress

Because Alan said a few words of Turkish, the immigration officer was impressed. This is a common reaction to foreigners who speak a little Turkish.

Siz and sen

Like a number of other languages, Turkish has two words for *you*. **Siz** is used when talking to more than one person or addressing a single person with whom you are being formal. **Sen** is used when talking to a close friend or a child. If in doubt about which to use, play safe and use **siz**.

Buyurun!

Buyurun is a word you hear all the time in Turkey. It is a multipurpose way of prompting someone. In this dialogue it means *here you are*, but it can also mean *go ahead, feel free* or *what can I do for you?*

 ———————— **Dilbilgisi** ————————

1 Addressing people

Someone providing you with a service may address you in one of the following ways:

beyefendi	*Sir*
hanımefendi	*Madam*
efendim	either *Sir* or *Madam* or both

The Turkish equivalents of *Mr, Mrs* or *Miss* are **Bey** and **Hanım**. You use them with the first name rather than with the surname. Thus, for John and Lucille Smith the following are equivalents:

John Bey	*Mr Smith*
Lucille Hanım	*Mrs Smith*

You can also use **Bey** and **Hanım** after someone's job title. This is a particularly Turkish way of addressing people which can be handy for, amongst other things, attracting the attention of bus drivers in a polite way when it is your stop!

şoför bey!	*driver!*
memur bey	*officer*
doktor bey	*doctor*

You can use the word **memur** for any public official, including passport controllers or policemen. Call them **memur bey** (they are usually men) and you should get on the right side of them from the start!

2 You, he, she . . .

These words are called personal pronouns.

Singular		Plural	
ben	*I*	biz	*we*
sen	*you* (informal)	siz	*you*
o	*he, she, it*	onlar	*they*

— 31 —

Remember to use **siz** as the singular *you* in formal situations.

3 *The verb* to be

Action words such as *go*, *sit* or *be* are called verbs. *Am*, *are* and *is* are all different parts of the English verb *to be*.

The endings

The Turkish equivalents of the different parts of the verb *to be* are the endings **-im**, **-sin**, **-iz**, **-siniz** and **-ler**. Here are some examples:

Singular		Plural	
ben İngiliz**im**	*I am English*	biz İngiliz**iz**	*we are English*
sen İngiliz**sin**	*you are English*	siz İngiliz**siniz**	*you are English*
o İngiliz	*he/she is English*	onlar İngiliz(**ler**)	*they are English*

You should note that there is no ending on the **o** form. Note also that the **-ler** ending is shown in brackets. This is because you usually leave it out.

Vowel harmony

All of these endings (except the *they* form) behave exactly like **mı**, **mi**, **mu** and **mü** (see page 21). That is, they have four different versions and they follow the rules of i-type vowel harmony:

> **-ım** comes after ı, a
> **-im** comes after i, e
> **-um** comes after u, o
> **-üm** comes after ü, ö

The *they* form has only two different versions because it follows the rule of e-type vowel harmony:

> **-ler** comes after i, e, ü, ö
> **-lar** comes after ı, a, u, o

Here is a table with examples of all the endings in all their versions:

ben . . .	sekreter**im**	Türk**üm**	Alman**ım**	memnun**um**
sen . . .	sekreter**sin**	Türk**sün**	Alman**sın**	memnun**sun**
o . . .	sekreter	Türk	Alman	memnun
biz . . .	sekreter**iz**	Türk**üz**	Alman**ız**	memnun**uz**
siz . . .	sekreter**siniz**	Türk**sünüz**	Alman**sınız**	memnun**sunuz**
onlar . . .	sekreter**(ler)**	Türk**(ler)**	Alman**(lar)**	memnun**(lar)**

Personal pronouns

Usually you don't need to use personal pronouns (**ben**, **sen**, etc.). Thus, **İngilizim** is enough to say *I am English*, and **İngiliz** will do for *he is English*. However, you do need to use **onlar** when you say *they*.

The usual way to say *they are Turkish* is **onlar Türk**. When you use the personal pronoun **onlar**, you don't need to use the ending **-ler**.

Questions with *to be*

To turn **İngilizsiniz** (*you are English*) into a question, follow these steps:

Step	Example
Take the statement.	İngilizsiniz
Separate the *to be* ending from the noun or adjective.	İngiliz siniz
Put **mi** in front of the ending.	İngiliz **mi**siniz?

Here are some more examples:

English	Statement	Question
I am beautiful.	Güzelim.	Güzel miyim?
You're blind.	Körsün.	Kör müsün?
It's difficult.	Zor.	Zor mu?
We're ready.	Hazırız.	Hazır mıyız?
You're open.	Açıksınız.	Açık mısınız?
They're Turkish.	Onlar Türk.	Onlar Türk mü?

Note that you insert a **-y-** between **mi** and **-im** or **-iz**. Read on to find out why.

4 Keeping vowels apart!

There is a rule in Turkish that you do not put two vowels next to each other within a word. This helps to keep pronunciation simple. When you place endings on words, if the word ends in a vowel and the ending starts with a vowel, you've got problems! The solution: insert a consonant between them.

The word **miyim** in **İngiliz miyim?** is made from **mi** and **im** coming together. The resulting **miim** is not allowed, so you put a **-y-** in between to make **miyim**. This makes the word more pronounceable. The **-y-** acts as a buffer which stops the two vowels clashing. Letters inserted like this are called buffer consonants. Later you will discover that the letter **-n-** is also used as a buffer consonant.

Sometimes, however, you will actually see two vowels next to each other. This occurs in a small number of words which Turkish has adopted from other languages. **Maalesef** is such a word (see page 28).

5 Counting beyond ten

yüz	*100*
bin	*1,000*
milyon	*1,000,000*
milyar	*1,000,000,000*
yirmi	*20*
otuz	*30*
kırk	*40*
elli	*50*
altmış	*60*
yetmiş	*70*
seksen	*80*
doksan	*90*
sıfır	*0*
yarım	*0.5*
bir buçuk	*1.5*
iki buçuk	*2.5*

To form more numbers, just put the ones you know together, for example:

onsekiz	*18*
bindokuzyüz	*1900*
onbir milyon	*11,000,000*
ikiyüzkırkbeş	*245*

Note: In English we say *one hundred* or *one thousand*. In Turkish you say just **yüz** or **bin**.

6 Bu, şu *and* o

Where English has two words for *this* and *that*, Turkish has three.

bu	*this*
şu	*that* (referring to something relatively nearby)
o	*that* (referring to something further away)

Exactly where you draw the line between **bu** and **şu** or between **şu** and **o** is unclear. However, something held in your hand is definitely **bu**, a table on the other side of the room is almost certainly referred to as **şu**, and a tree on the horizon is certainly **o**.

7 Question words

Here are a few invaluable words for asking questions:

kim?	*who?*
ne?	*what?*
nerede?	*where?*
ne zaman?	*when?* (literally *what time?*)
nasıl?	*how?*
kaç tane?	*how many?*
ne kadar?	*how much?* (literally *what extent?*)

8 -im *and* -iniz

When put on the end of nouns, the ending **-im** can mean *my* and **-iniz** can mean *your*. They follow the i-type vowel harmony. For example:

Ceket*iniz* siyah.	*Your jacket is black.*
Ad*ınız* ne?	*What's your name?*
Bluz*unuz* bu.	*This is your blouse.*
Süt*ünüz* soğuk.	*Your milk is cold.*
Ceket*im* güzel.	*My jacket is nice.*
Ad*ım* Ali.	*My name is Ali.*
Bu pasaport*um*.	*This is my passport.*
Kuaför*üm* iyi.	*My hairdresser is good.*

When these endings are added to words which end in a vowel, you add only **-m** or **-nız**.

| Türkçe**m** | *my Turkish* |
| **banka**nız | *your bank* |

Note how this is another way in which Turkish avoids vowel clashes – it simply leaves out one of the vowels!

9 a and the

In Turkish, for most of the time you do not use the equivalent of our words *a* and *the*. This may make Turkish sound a bit like a pigeon language at first, but you'll soon get used to the fact that often these words are simply not necessary and so aren't used!

Kalem yeşil.	*The pen is green.*
Kalem var.	*There is a pen.*
Masa büyük.	*The table is big.*

However, you will sometimes see the word **bir** used to mean *a*, for example:

| **Bu bir kalem.** | *This is a pen.* |
| **Bir kalem var.** | *There is a pen.* |

Alıştırmalar

The key to these exercises is on page 247.

1 Match the following questions and answers.

(a)	O Hollandalı mı?	(i)	Adım Berkant.
(b)	Adınız ne?	(ii)	Dört kişiyiz.
(c)	Siz polissiniz, değil mi?	(iii)	Eşim Asuman.
(d)	Milliyetiniz ne?	(iv)	Hayır, doktorum.
(e)	Yoğurt var mı?	(v)	Hayır, saçlarım kısa.
(f)	Saçlarınız uzun mu?	(vi)	Hayır, Türk.
(g)	Eşiniz kim?	(vii)	Var, ama taze değil.
(h)	Oteliniz nasıl?	(viii)	Türküm.
(i)	Kaç kişisiniz?	(ix)	Güzel ama pahalı.

Hollandalı	*Dutch*	**otel**	*hotel*
yoğurt	*yoghurt*	**kaç**	*how many*
uzun	*long*	**kişi**	*person*
eş	*husband* or *wife* (spouse)	**kısa**	*short*

ama *but*	**pahalı** *expensive*

2 Fill in the gaps below with personal pronouns.

(a) _____ Almansınız.
(b) _____ güzelim.
(c) _____ İngiliz.
(d) _____ memnunuz.
(e) _____ kuaförsün.

3 Match the following adjectives to their opposites.

(a) iyi   (i) açık
(b) küçük   (ii) büyük
(c) kapalı   (iii) fena
(d) pahalı   (iv) kolay
(e) zor   (v) ucuz

kapalı *closed*	**fena** *bad*
açık *open*	**ucuz** *cheap*

4 Using one item from each of the three columns below, make four sentences.

(a) Ben	Alman	sün.
(b) Biz	memnun	sınız.
(c) Sen	profesör	uz.
(d) Siz	müzisyen	im.

5 Which ones in the following groups of words are the odd ones out?

(a) çay, kahve, ayran, salep
(b) ayran, bira, şarap, cin
(c) üç, onaltı, beş, dokuz, onyedi, yirmibir
(d) İtalya, Polonya, Bulgaristan, Tokyo
(e) polis, turist, memur, kuaför

ayran *a salted yoghurt drink*	**şarap** *wine*
salep *a hot semolina drink*	**Polonya** *Poland*

6 Make sentences about yourself by selecting one of the alternatives in brackets below. The answer key provides sample sentences for one of the authors as a guide.

(a) Saçım (kısa/uzun/yok).
(b) Evim (küçük/büyük/yok).
(c) Arabam (Ford/Mercedes/yok).
(d) Eşim (Türk/İskoçyalı/yok).
(e) Türkçem (iyi/az/yok).
(f) İşim (ilginç/sıkıcı/yok).

saç	*hair*	**iş**	*work*
ev	*home*	**ilginç**	*interesting*
araba	*car*	**sıkıcı**	*boring*
az	*little*		

7 Look at this list of useful telephone numbers. Who would you be telephoning if you called the following numbers?

Lüzumlu Telefonlar

Bakırköy Kaymakamlığı	(212) 571 69 28	T. Vakıflar Bankası	(212) 560 07 03
Bakırköy Belediye Santral	(212) 542 02 83	Yapı Kredi Bank. Atrium	(212) 661 08 62
Bakırköy Belediye Bşk.	(212) 583 10 33	Çapa Tıp Fakültesi	(212) 594 00 00
Bakırköy İtfaiye	(212) 583 51 57	Cerrahpaşa Hastanesi	(212) 588 48 00
Bakırköy Deniz Otobüsü	(212) 560 72 91	International Hospital	(212) 663 30 00
Bakırköy Emniyet Amirliği	(212) 571 61 77	Ezgi Veteriner Kliniği	(212) 559 88 00
Bakırköy Devlet Hastanesi	(212) 543 93 71	T E K	(212) 582 70 01
Bakırköy SSK Doğum	(212) 559 83 22	Polis İmdat	155
Ataköy Muhtarlık	(212) 559 77 77	Yangın İhbar	110
Eczane	(212) 559 83 04	Elektrik Arıza	186
Atrium Taksi	(212) 560 80 60	Telefon Arıza	121
Ata Merkez Taksi	(212) 559 99 69	Gaz Arıza	187
Atakent Taksi	(212) 560 61 01	Su Arıza	185
Emlak Bank Atrium Şb.	(212) 559 43 87	Çağrı	133
İş Bankası Atrium Şb.	(212) 559 55 13	Bakırköy Spor Tesisleri	(212) 559 01 82

(a) yüzellibeş
(b) beşyüzellidokuz, seksenüç, sıfır dört
(c) altıyüzaltmışüç, otuz, sıfır sıfır
(d) beşyüzellidokuz, kırküç, seksenyedi
(e) yüzyirmibir
(f) beşyüzaltmış, yetmişiki, doksanbir

8 Would you address the following people with **sen** or **siz**?

(a) anneniz
(b) şefiniz
(c) bir bakkal
(d) kuaförünüz
(e) küçük bir boyacı
(f) bir polis
(g) eşiniz

şef *boss*	**boyacı** *shoeshine boy*
küçük *small, young*	

9 There are ten Turkish numbers hidden in this square. One has been found for you.

o	n	ğ	ş	b	e	ş	ç
n	s	ı	f	ı	r	ö	m
i	e	ş	d	f	ü	g	i
k	k	b	a	y	ü	z	l
i	i	y	ö	i	ğ	v	y
ü	z	ğ	z	r	i	r	a
y	a	r	ı	m	e	l	r
k	ı	r	k	i	ş	t	ö

10 Look at the completed hotel registration form opposite then complete one with your own details.

bay *male*	**tarih** *date*
bayan *female*	**meslek** *job, profession*
soyad *surname*	**geliş** *arrival*
doğum *birth*	**gidiş** *departure*

Bay/Bayan
Ad: ...MICHAEL...
Soyad: ...CHARLTON...
Doğum tarihi: 17.10.60
Milliyet: AMERIKALI
Pasaport numarası: 4578 3420P
Meslek: POLIS
Geliş tarihi: 26.8.96
Gidiş tarihi: 27.8.96

Bay/Bayan
Ad: ......
Soyad: ......
Doğum tarihi: ......
Milliyet: ......
Pasaport numarası: ......
Meslek: ......
Geliş tarihi: ......
Gidiş tarihi: ......

Konuşma 2

Whilst in Kuşadası, Alan and a fellow traveller, Margaret, walk into a **kebapçı** (*kebab restaurant*). Margaret also knows a few words of Turkish.

Garson	İyi akşamlar. Buyurun.
Alan	Merhaba. Boş yer var mı?
Garson	Var. Buyurun. (*shows them to a table*)
Alan	(*sitting*) Sağ olun. Adana kebap var mı?
Garson	Maalesef. Adana kebap yok.
Margaret	Ne var?
Garson	Döner var, İskender var, köfte var, piliç var.
Alan	Döner kebap lütfen.
Garson	Bir döner. (*turns to Margaret*) Buyurun hanımefendi.

Margaret Aynı.
Garson İki döner.
Alan Ayran var mı?
Garson Var. İki tane mi?
Margaret Evet, iki tane.
Garson Tamam. İki döner kebap, iki ayran. Teşekkür ederim.

garson *waiter*
Adana kebap *spicy grilled mincemeat*
döner kebap *grilled lamb slices*
İskender kebap *döner kebab on bread with yoghurt and tomato sauce*

köfte *meatballs*
piliç *chicken*
aynı *the same*
iki tane *two, two pieces* (here *two glasses*)

KEBAP LAHMACUN
ve TATLI SALONU

3
DAHA KOYMAYIN, LÜTFEN!

In this unit you will learn how to

- order a meal
- tell someone what to do
- give simple directions

Konuşma

Ali and Ayça enter a restaurant.

Garson Buyurun.
Ali İki kişilik bir masa lütfen.
Garson Bu masa nasıl?
Ayça İyi değil. Köşede. Karanlık. (*indicates a table in the centre of the room*) Şu masa boş mu?
Garson Boş. Buyurun efendim.

They walk over to the table, sit down, and the waiter brings a menu.

Garson Buyurun. Mönü.
Ali Teşekkür ederim. Önce soğuk bir şişe beyaz şarap ve meze lütfen.
Garson Tabii efendim. Şarap büyük mü, küçük mü?
Ali Büyük, lütfen.

A minute later the waiter returns with the wine and a large tray full of starters.

Garson İşte içkiniz ve mezeler. Maalesef şarap biraz sıcak.
Ayça Buz var mı?
Garson Buz var efendim. (*turns to young assistant waiter*) Mehmet
 – hemen buz getir. (*turns back to the guests and begins to
 place dishes from the tray on the table*) Soğuk mezeler:
 kavun, acılı, yeşil salata, cacık, karides, patlıcan. Sıcak
 mezeler: midye tava, kalamar . . .
Ayça Tamam. Yeter. Daha koymayın, lütfen.
Garson Tabii hanımefendi. Afiyet olsun.
Ali (*to Ayça, holding up his glass*) Şerefe.
Ayça Şerefe.

iki kişilik *for two people* (literally *two-person type*)	**buz** *ice*
masa *table*	**hemen** *straight away*
köşe *corner*	**getir** *bring*
köşede *in the corner*	**kavun** *melon*
karanlık *dark*	**acılı** *a spicy starter* (literally *spicy*)
mönü *menu*	**salata** *salad*
teşekkür ederim *thank you*	**cacık** *cucumber in garlic yoghurt*
önce *firstly*	**karides** *prawn*
ve *and*	**patlıcan** *aubergine*
meze *starter*	**midye** *mussels*
işte *here is* (the equivalent of *voilà* in French)	**tava** *fried*
	kalamar *squid*
içki *drink (alcoholic)*	**yeter** *that's enough*
içkiniz *your drink*	**daha** *more*
biraz *a little*	**koymayın** *do not put*
	şerefe *cheers*

Sorular

Answer the following questions about the dialogue.

1 Şarap kırmızı mı?
2 Cacık soğuk meze mi?
3 Mezeler çok mu?
4 Salata kırmızı mı?

(The answers are on page 248).

Notlar

The *meze* tray

When you are in a restaurant in Turkey, you may find that the waiter brings a huge tray full of starters to the table and proceeds to unload them without your having ordered them. The custom is to stop him, choose what you want and send the rest back. A useful word for doing this is given below.

Restaurant language

The following phrases may prove useful in restaurants. For now, don't worry about their exact meanings.

Yeter.	*That's enough.*
Bakar mısınız!	*Waiter!* (literally *Would you look!*)
Hesap.	*The bill.*
Üstü kalsın.	*Keep the change.*
Et yemiyorum.	*I'm a vegetarian.*
Etsiz yemek ne var?	*What food have you got without meat?*

Word order

In the dialogue above you will have noticed that Turkish uses a different word order to English. Note how the verb comes at the end of a sentence, for example:

buz getir	literally *ice bring* (*bring some ice*)
daha koymayın	literally *more don't put* (*don't put any more*)

You should note how a word which tells you more about another word comes before it. In the example below, *white* tells you more about the wine and *cold* tells you more about the bottle of wine.

soğuk bir şişe beyaz şarap	literally *cold a bottle white wine* (*a cold bottle of white wine*)

Turkish word order is something you will quickly get used to. Meanwhile, read sentences right to the end before trying to find an

English equivalent. When speaking, on the other hand, do not worry too much about getting things in the correct order, as most of the time the meaning will not be affected.

 ——————— **Dilbilgisi** ———————

1 Commands

Do!

Just as there are two ways of saying *you* (**sen** and **siz**) in Turkish, there are also two ways of telling people what to do – one formal, one familiar.

Here is the familar way:

Gel!	*Come!*
Koy!	*Put!*
Yap!	*Do!*
Gül!	*Smile!*

To make a formal command, add **-in** to the end of the familiar form:

Gelin!
Koyun!
Yapın!
Gülün!

The **-in** ending uses i-type vowel harmony. (See page 254).

There is also a very formal form of command, which you will see on warning signs and official notices:

Geliniz!
Koyunuz!
Yapınız!
Gülünüz!

The **-iniz** ending also uses i-type vowel harmony.

Don't!

To tell people *not* to do things, add **-me** to the end of an informal command, for example:

Gel*me*!	*Don't come!*
Koy*ma*!	*Don't put!*
Yap*ma*!	*Don't do!*
Gül*me*!	*Don't smile!*

The ending **-me** uses e-type vowel harmony.

For formal negative commands, add **-in** or **-iniz** to the informal negative, for example:

Gelme*yin*!
Koyma*yın*!
Yapma*yınız*!
Gülme*yiniz*!

In these formal negative commands, you must insert a buffer **-y-** to stop two vowels clashing.

2 -de, -e *and* -den

In Turkish the noun ending **-de** means *at, on* or *in*. The ending **-e** means *to*. The ending **-den** means *from*.

-de indicates there's *no movement to or from*
-e indicates there's movement *towards*
-den indicates there's movement *away from*

Here are some examples:

Masada otur.	*Sit at the table.*
Bakkala git.	*Go to the grocer's.*
Bankadan bakkala git.	*Go from the bank to the grocer's.*

All these endings follow e-type vowel harmony.

You can translate **-de** as *on*, *at* or *in*, depending on the context. For example:

Kitap masada.	*The book is **on** the table.*
Ali masada.	*Ali is **at** the table.*
Köşede masa var.	*There is a table **in** the corner.*

3 Direct objects

In Turkish it is important to be able to spot the direct object of a verb.

These commands do not have direct objects:

Git!	*Go!*
Otur!	*Sit!*

These commands do have direct objects:

Kadını öp!	*Kiss the woman.*
Kalemi Hakan'a ver!	*Give the pen to Hakan.*
Masadan kahveyi al!	*Take the coffee from the table.*

Question: What are the things that are to be kissed, given or taken?
Answer: The woman, the pen and the coffee.

These three things are the direct objects of the commands. They are the things upon which the actions (kissing, giving and taking) are carried out.

4 The equivalent of the

In Unit 2 you learned how, in some simple sentences, Turkish does not distinguish between *a* and *the*. In the case of the direct object of a verb, however, Turkish *does* make a distinction.

For direct objects, the Turkish equivalent of *the* is the ending **-i** (or **-yi** if the noun ends in a vowel). The equivalent of *a* is either **bir** or nothing. For example:

Masadan kalem al.	*Take a pen from the table.*
Masadan kalemi al.	*Take the pen from the table.*
Kahve iç.	*Have a coffee.*
Kahveyi iç.	*Drink the coffee.*
Beyaz bluz giy.	*Wear a white blouse.*

Beyaz bluzu giy.	*Wear the white blouse.*
Araba kullan.	*Use a car.*
Arabayı kullan.	*Use the car.*
Film seyret.	*Watch a film.*
Filmi seyret.	*Watch the film.*

You use *the* in English to talk about *specific* items. Likewise in Turkish, you use the **-i** ending if the direct object is a *specific* item.

5 Endings and personal prounouns

You can add the endings **-i**, **-de**, **-e** and **-den** onto personal pronouns.

Here are some examples:

Öp beni.	*Kiss me.*
Sende para var mı?	*Is there any money on you?*
Benden size.	*From me to you.*
Onları masaya koy.	*Put them on the table.*

When a personal pronoun is the direct object of a verb, you give it an **-i** ending. This is because personal pronouns stand for *specific* things or people.

Here is a table of personal pronouns with their different endings:

'normal'	-i	-e	-de	-den
ben	beni	bana	bende	benden
sen	seni	sana	sende	senden
o	onu	ona	onda	ondan
biz	bizi	bize	bizde	bizden
siz	sizi	size	sizde	sizden
onlar	onları	onlara	onlarda	onlardan

Question: Which items in this table are strange?
Answer: The following are oddities:

- You might expect **ben** plus the ending **-e** to make **bene**. However, it is **bana** instead!
- Likewise, **sen** plus the ending **-e** is **sana**.
- When you add endings to **o**, you need an **-n-** between the **o** and the endings.

— **49** —

Question: Is the **-n-** after **o** acting like a buffer consonant?
Answer: For the **-i** and **-e** endings, yes. However, you also need it with the **-de** and **-den** endings, even though there would be no vowel clash without it!

6 Proper nouns

Names of actual places (for example, Tokyo, the Amazon, Pakistan) or people (for example, Ayşe, Johnson, Fred) are called proper nouns.

In Turkish, when you add endings to proper nouns, you put an apostrophe before the ending. For example:

Türkiye'de. *In Turkey.*
İstanbul'dan İzmir'e. *From İstanbul to İzmir.*

7 Consonant changes

d → t

When you add the endings **-de** or **-den** to nouns, sometimes the **d** in these endings becomes **t**. For example:

maç*t*a	*at the football match*
dolap*t*a	*in the cupboard*
saat beş*t*e	*at five o'clock*
sokak*t*a	*in the road*
raf*t*a	*on the shelf*

Question: What do the words **maç**, **dolap**, **beş**, **sokak** and **raf** have in common to cause this change?
Answer: They all end in a 'whispery' (unvoiced) consonant (**-ç**, **-p**, **-ş**, **-k** and **-f**). The **d** in the ending becomes **t** in order to be whispery too. This is similar to vowel harmony, but with consonants!

k → ğ

Watch out for nouns which end in **k** and have a vowel before the **k**. When you give them an ending which begins with (or is) a vowel, you change the **k** to **ğ**. For example:

kazak	*coat*
Kazağı giy!	*Put the coat on.*
mutfak	*kitchen*
Mutfağa git!	*Go to the kitchen!*
sucuk	*garlic sausage*
Sucuğu ye!	*Eat the garlic sausage!*
sokak	*street*
Sokağa bak!	*Look at the street!*

Now look at this example:

Parka git!	*Go to the park!*

Question: Why does the **k** in **park** not become **ğ**?
Answer: Because the letter before the **k** is not a vowel.

8 The dictionary form of verbs

In Turkish, you give informal commands by using the shortest form of the verb. The shortest form is called the stem. When an English verb appears in a dictionary, it appears as the stem, sometimes with *to* in front of it. The dictionary form of Turkish verbs is the stem plus the ending **-mek**. This dictionary form is called the infinitive.

Here are some informal commands and their corresponding infinitives:

bak	*look!*	**bakmak**	*to look*
dur	*stop!*	**durmak**	*to stop*
al	*take or buy!*	**almak**	*to take or buy*
ver	*give!*	**vermek**	*to give*
iç	*drink or smoke!*	**içmek**	*to drink or smoke*
ye	*eat!*	**yemek**	*to eat*
park et	*park!*	**park etmek**	*to park (a car)*

The ending **-mek** follows e-type vowel harmony.

 ──────────── **Alıştırmalar** ────────────

The key to these exercises is on page 248.

1 Reorder the sentences overleaf to form a meaningful dialogue.

(a) – Börek nasıl?
(b) – Börek, patates tava, midye tava, kalamar.
(c) – Sıcak meze ne var?
(d) – Tamam efendim.
(e) – Çok güzel.
(f) – Bir börek ve bir kalamar.

börek	pastry

2 Fill in the gaps in the sentences below with the endings given in brackets. Make the changes required for vowel or consonant harmony, and insert buffer letters or apostrophes where necessary.

(a) Bu tren Paris_____ mi? (-den)
(b) Ben_____ para var. (-de)
(c) Cacık_____ tuz var. (-de)
(d) Güneş_____ durmayın! (-de)
(e) Restoran_____ erken gitme. (-e)
(f) Pansiyon_____ plaja git. (-den)
(g) İzmir_____ git. (-e)
(h) Masa_____ koy! (-e)
(i) Ver ben_____! (-e)
(j) Bu kart siz_____ mi? (-den)

durmak to stop	para money
erken early	plaj beach
kart card	tuz salt
pansiyon cheap guest house	

3 Match the commands to the situations where you would most likely see or hear them.

(a) Bakın, alın!   (i) Sign on a payphone.
(b) Bana bak!   (ii) Child speaking to mother.
(c) Türkiye'ye gelin!   (iii) Doctor speaking to patient.
(d) Jeton atın!   (iv) Sign on a garage door.
(e) Park etmeyin!   (v) Carpet seller speaking to tourist.
(f) Sigara içmeyin!   (vi) Tourist board poster.

atmak to throw (here to insert)	jeton token

4 Look at this picture of Ali Bey and Gül Hanım, then answer the questions.

(a) Kaç kişi var?
(b) Şarap nerede?
(c) Kedi nerede?
(d) Rafta ne var?
(e) Resimde kim var?
(f) Bu aile mutlu mu?

kedi *cat*	**aile** *family*
raf *shelf*	**mutlu** *happy*
resim *picture*	

5 Match these questions and answers.

(a) Nasıl?
(b) Ne kadar?
(c) Ne zaman?
(d) Neredesiniz?
(e) O kim?
(f) Şu masada ne var?

(i) Ali.
(ii) İstanbul'dayım.
(iii) Hemen.
(iv) Çok güzel.
(v) Bir şey yok.
(vi) Biraz.

6 Study this town plan, then answer the questions below.

Which place will you be looking at if you follow these directions?

(a) Bakkaldan meydana git. Meydanda sola dön. Plajda sağa dön. Sağa bak.
(b) Bakkaldan meydana git. Meydanda sağa dön. Camiden sola dön. Sola bak.
(c) Pansiyondan sağa git.

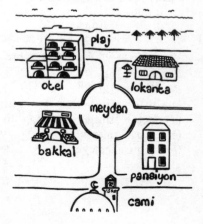

Sağa dön. Meydana git. Meydanda düz git. Plajda sola dön. Sola bak.

(d) Pansiyondan sağa git. Sağa dön. Meydana git. Meydanda sola dön. Sola bak.

(e) Lokantadan sola git. Sola dön. Meydana git. Meydanda düz git. Camide sola dön. Sola bak.

meydan	*town or village square*	**cami**	*mosque*
sol	*left*	**düz**	*straight*
dönmek	*to turn*	**lokanta**	*restaurant*
sağ	*right*		

7 Match these set phrases to the situations where you would use them.

(a) Afiyet olsun!   (i) To someone eating their lunch.
(b) Buyurun.   (ii) To someone studying hard.
(c) Elinize sağlık!   (iii) To someone who's just welcomed you.
(d) Hoş bulduk!   (iv) To the host who has cooked your dinner.
(e) Kolay gelsin!   (v) To the person to whom you're passing the salt.

8 Referring to the distance chart below, answer the following questions giving the figures in full.

Adana

1166	Edirne				
683	557	Eskişehir			
1037	1662	1318	Kars		
356	890	333	1162	Konya	
748	961	650	778	676	Samsun

(*a*) Adana'dan Konya'ya kaç kilometre?
(*b*) Edirne, Kars'tan ne kadar uzak?
(*c*) Samsun'dan Adana'ya kaç kilometre?
(*d*) Samsun, Edirne'den ne kadar uzak?
(*e*) Eskişehir, Kars'tan kaç kilometre?

uzak   far away

9 Place each of these consonants in one of the two columns (voiced
   or unvoiced) below. (It may help you to decide if you make the
   sounds which the letters stand for whilst feeling the side of your
   Adam's apple. When you make a voiced sound, you will feel
   vibrations. When you make an unvoiced sound there will be no
   vibration.)

   b c ç d f g h j k l m n p r s ş t v y z

Voiced	Unvoiced (whispery)

10 Now make pairs of consonants – find the voiced partners of these
    unvoiced consonants. The first one has been done for you.

    (*a*) ş – j
    (*b*) ç –
    (*c*) f –
    (*d*) k –
    (*e*) p –
    (*f*) s –
    (*g*) t –

Once you've completed this exercise, try saying the pairs whilst
feeling your Adam's apple. Can you feel the difference between
the voiced and unvoiced sounds?

11 Look at these signs. Why are there apostrophes before the **-e** and **-den** endings on one sign but not on the other?

YEŞİL
TEKSTIL
FABRİKADAN
HALKA

ÖMER KAPTAN GEMİSİ
AVŞA–TEKİRDAĞ
AVŞA'dan TEKİRDAĞ'a HER GÜN
HAREKET SAAT 12'00 de
TEKİRDAĞ'dan AVŞA'ya
Pazartesi Saat 17'00 de
Salı 17'00 "
Çarşamba 17 "
Perşembe 17'00 "
Cuma 19'00 da
Cumartesi 17'00 "
Pazar 17'00 "

tekstil *textile*	**Avşa** *an island in the Marmara Sea*
fabrika *factory*	**Tekirdağ** *a port on the*
halk *people, 'folk'*	*Marmara Sea*

12 Look at this street sign, then answer the questions below.

(a) Which words have an **-e** ending?
(b) What does the sign mean?

dönüş *turning* (noun)	**yol** *way, road*
yaya *pedestrian*	

Konuşma 2

Ali and Ayça have reached the dessert course of their restaurant meal.

Ali   Bu dondurma süper. Baklava nasıl canım?
Ayça   Fena değil. Şimdi kahve istiyorum.
Ali   Ben daha şarap istiyorum.
Ayça   Daha içki içme! Bir kahve iç.
Ali   Ama canım, şişede daha şarap var . . .
Ayça   (*to waiter*) Bakar mısınız!
Garson   Buyurun.
Ayça   İki kahve lütfen.
Garson   Şekerli mi, şekersiz mi?
Ayça   Bana bir sade, ve eşime bir şekerli.
Ali   Ve hesap lütfen.
Garson   Hemen efendim. Afiyet olsun!

dondurma *ice-cream*	**şekerli** *with sugar*
süper *super*	**şekersiz** *without sugar*
baklava *a sweet pastry*	**sade** *plain*
canım *darling*	**hesap** *bill*
istiyorum *I want*	**hemen** *straight away*
şeker *sugar*	

4
– ŞAKA YAPIYORSUNUZ! –

In this unit you will learn how to

- say what is happening
- talk about your daily routine
- say what will happen shortly
- say what belongs to whom
- say what you have and what you want

—————————— Konuşma ——————————

Bengt Attström, a Swede who has been working in İzmir for a couple of years, has just gone into a carpet shop there. He wants a carpet, but does not want to stay too long.

Satıcı   Buyurun. Oturun.

Bengt remains standing, looking at the carpets.

Satıcı   (*offering a cigarette*) İçiyor musunuz?
Bengt   (*tuts*) Teşekkür ederim. Sigara kullanmıyorum.
Satıcı   Çok iyi. Ben de bırakmak istiyorum. Çay?
Bengt   (*tuts*) Teşekkür ederim. Kilimlere bakmak istiyorum.
Satıcı   Tabii efendim. Buyurun, oturun.

Bengt remains standing, looking at the carpets.

Satıcı   Do you speak English?

Bengt İngiliz değilim. İsveçliyim.
Satıcı İsveçlisiniz! Vallahi, İsveççe bilmiyorum. Çok iyi Türkçe konuşuyorsunuz.
Bengt Sağ olun. Acelem var. İşime gidiyorum.
Satıcı Tamam abi. Kilim mi, halı mı istiyorsunuz?
Bengt Kilim.
Satıcı Hangi renk? (*holds up a rug*) Bu mavi kilim çok güzel.
Bengt Güzel. Ama ben yeşil istiyorum.
Satıcı (*pulls out a green rug*) Bu motif nasıl?
Bengt Şu motif çok güzel. Çok iyi, ama kilim çok büyük.
Satıcı Bir dakika. Daha küçük istiyorsunuz . . .

The salesman sorts through a pile of rugs and finds a smaller version.

Satıcı İşte! Hemen hemen aynı, ve daha küçük.
Bengt Evet, çok güzel. Ne kadar?
Satıcı Bu kilim çok özel, çok kaliteli.
Bengt Kaç para?
Satıcı Kırk milyon.
Bengt Allah Allah. Şaka yapıyorsunuz. Yirmi milyon?
Satıcı Kırk milyon efendim. Pazarlık yapmıyoruz bu dükkanda.

satıcı *salesperson*	**gidiyorum** *I'm going*
oturmak *to sit, to live*	**abi** *'big brother'*
içmek *to smoke or to drink*	**halı** *carpet*
içiyor musunuz? *do you smoke?*	**mavi** *blue*
kullanmak *to use*	**motif** *design, pattern*
sigara kullanmıyorum *I don't smoke*	**dakika** *minute*
	istiyorsunuz *you want*
de *also, too*	**sevmek** *to like or love*
bırakmak *to stop, give up*	**daha küçük** *smaller*
istiyorum *I want*	**hemen hemen** *almost*
kilim *rug, kilim*	**özel** *special*
İsveçli *Swedish* (nationality)	**kaliteli** *quality* (adjective)
vallahi! *good grief!*	**kaç para?** *how much money?*
İsveççe *Swedish* (language)	**Allah Allah!** *good heavens!*
bilmek *to know*	**şaka** *joke*
bilmiyorum *I don't know*	**yapıyorsunuz** *you are making*
konuşmak *to speak*	**pazarlık yapmak** *to bargain, haggle*
konuşuyorsunuz *you speak*	**pazarlık yapmıyoruz** *we don't bargain*
acele *hurry*	**dükkan** *shop*
acelem var *I'm in a hurry*	

Sorular

Answer the following questions about the dialogue.

1 Bengt sigara kullanıyor mu?
2 Satıcı İsveççe biliyor mu?
3 Bengt ne renk kilim istiyor?
4 Satıcı kaç lira istiyor?

(The key is on page 248).

✳ Notlar

Haggling

Initial asking prices for such items as carpets and leather goods, especially in bazaars and holiday resorts, usually allow plenty of room for negotiation.

Abi and abla

Two words you will often hear in Turkey are **abi** and its female equivalent **abla**. Literally, they mean *big brother* or *big sister*. They are used as a friendly and respectful way of addressing people older than yourself. Listen out for one of them when a shoeshine boy approaches you.

No thank you

When Bengt is offered a cigarette, he refuses by saying **teşekkür ederim**. In this situation, *thank you* is taken to mean *no thank you*. This can lead to misunderstandings (and very hungry foreigners!) at a Turkish dinner table. To accept an offer, use **lütfen**.

Ben de

The salesman says **ben de**, meaning *me too*. The *words* **de** and **da** mean *too* or *also*. Do not confuse them with the *endings* **-de** and **-da** which mean *in, on* or *at*.

Dilbilgisi

1 The -iyor present tense

What's happening

To say what is happening right now, you use the **-iyor** present tense.
To make this form you take the following steps:

Action	Example
Take the stem of a verb	iç
Add **-iyor** to the end	iç**iyor**
Add the relevant part of the verb *to be*.	iç**iyorum**

Although not strictly correct, for the moment you could think of **-iyor**
as an equivalent of the English ending *-ing*. Thus, you might literally
translate **içiyorum** as follows:

iç	**-iyor**	**-um**
drink	*-ing*	*I am*

Here are some more examples:

English	Verb stem	-ing	am, are, etc.
I am coming	gel	-iyor	-um
you are selling	sat	-ıyor	-sun
she is driving	sür	-üyor	
we are writing	yaz	-ıyor	-uz
you are buying	al	-ıyor	-sunuz
they are running	koş	-uyor	-lar

Note that **-iyor** has four forms because it follows i-type vowel harmony.
Note that **-um**, **-sun**, **-uz** and **-lar** all harmonise with the **o** in **-iyor**.

Grammar books call this tense the present continuous tense.

What's not happening

The negative forms of Turkish verbs always have **-me-** after the verb stem. Here are some negative forms of the **-iyor** present tense:

English	Verb stem	not	-ing	am, are, etc.
I'm not coming	gel	-m	-iyor	-um
you're not selling	sat	-m	-ıyor	-sun
she's not driving	sür	-m	-üyor	
we're not going	git	-m	-iyor	-uz
you're not smiling	gül	-m	-üyor	-sunuz
they're not running	koş	-m	-uyor	-lar

Because **-iyor** begins with a vowel, and **-me** ends in one, you avoid a clash of vowels by removing the **e** from **-me-**.

What's happening?

To turn **geliyorsunuz** into a question, follow these steps:

Action	Example
Take the present form of the verb.	geliyorsunuz
Split the word in two. The second word is the part of the verb *to be*.	geliyor sunuz
Replace the second word with its question form.	geliyor **mu**sunuz?

Here are some more examples:

Statement	Question
bakıyorum	bakıyor **mu**yum?
sürüyorsun	sürüyor **mu**sun?
geliyor	geliyor **mu**?
veriyoruz	veriyor **mu**yuz?
gülüyorsunuz	gülüyor **mu**sunuz?
koşuyorlar	koşuyorlar **mı**?

Note that the *they* form differs from all the rest by putting **mı** right at the end rather than in the middle.

Here are some negative questions:

Negative statement	Question
bakmıyorum	bakmıyor muyum?
sürmüyorsun	sürmüyor musun?
gelmiyor	gelmiyor mu?
vermiyoruz	vermiyor muyuz?
gülmüyorsunuz	gülmüyor musunuz?
koşmuyorlar	koşmuyorlar mı?

Stress

When saying the positive form of a verb, all parts (or syllables) of the word have an equal stress. In the negative, you stress the syllable immediately before the **-me**. In the table below, the stressed syllables are in capitals.

Positive	Negative
gel – i – yor – um	GEL – mi – yor – um
o – tur – u – yor – um	o – TUR – mu – yor – um
al – ı – yor	AL – mı – yor
piş – ir – i – yor	piş – İR – mi – yor

Warning! When speaking, using this stress is just as important as adding the negative ending.

2 Using the -iyor present tense

You use the present continuous tense for:

Purpose	Example	Translation
describing something happening now	Futbol oynuyorlar.	*They're playing football.*
stating an unchanging fact	Sigara kullanmıyorum	*I don't smoke.*
describing a habitual or repeated action	Sık sık plaja gidiyorum.	*I often go to the beach.*

describing something that will happen soon.	Bu akşam geliyorum.	I'm coming this evening.

3 Avoiding vowel clashes

You have seen how Turkish avoids vowel clashes by using the buffer consonants **-y-** and **-n-**. When making the present continuous form of a verb, you can avoid vowel clashes in another way – by removing one of the vowels!

The stem of the verb **başlamak** is **başla**. When forming the present tense of this verb, putting **başla** together with **-iyor** causes a clash of vowels. To avoid this clash you knock the **a** off **başla**.

*başla*mak	*to start*
Başlıyorum.	*I'm starting.*

Here are two other verbs with similar problems:

*bekle*mek	*to wait*
Bekliyorsunuz.	*You're waiting.*
*ye*mek	*to eat*
Yiyor.	*He's eating.*

In the negative form of the present continuous tense, the stems of the above verbs are not followed by a vowel, but are followed by **-m**. In this case you leave the stems intact:

Başlamıyorum.	*I'm not starting.*
Beklemiyorsunuz.	*We're not waiting.*
Yemiyor.	*He's not eating.*

4 Possessives

The possessor ending -in

To convey the idea that something owns something else, you place a 'possessor' ending on the thing doing the possessing. In English, the possessor form of *you* is *your* and of *John* is *John's*.

In Turkish, the possessor ending is **-in**, (or **-nin** after a noun ending in a vowel). Here are some examples:

Singular		Plural	
kızın	*the girl's*	kızların	*the girls'*
annenin	*mother's*	annelerin	*the mothers'*
müdürün	*the director's*	müdürlerin	*the directors'*
firmanın	*the firm's*	firmaların	*the firms'*

The possessed ending *-i* or *-si*

In English, in the phrase *the doctor's house*, we only add an ending on the possessor – the doctor. In Turkish you also put an ending on the thing which is possessed – the house.

The 'possessed' ending is **-i**, (or **-si** after the noun ending in a vowel). For example:

doktorun ev*i*	*the doctor's house*
kızların anne*si*	*the girls' mother*
firmanın müdürü	*the firm's director*
futbolcunun babası	*the footballer's father*

The word **su** is an exception. Its possessed ending is **-yu** rather than **-su** (presumably because **susu** would sound a bit daft). For example:

Şu Ali'nin suyu!   *That's Ali's water!*

In grammar books, the possessives are called genitive forms.

5 Possessives and personal pronouns

The possessor ending

You can add the possessor ending **-in** to personal pronouns:

ben**im**	*my / mine*
sen**in**	*your / yours* (informal)
o**nun**	*his*
biz**im**	*our / ours*
siz**in**	*your / yours* (formal)
onlar**ın**	*their / theirs*

Note how **ben** and **biz** are slightly odd – their ending is **-im** rather than **-in**. Note also the buffer **-n-** in **onun**.

The possessed ending

The possessed ending has different forms to match the personal pronouns:

Noun ending in a consonant		Noun ending in a vowel	
benim ev**im**	*my home*	benim anne**m**	*my mother*
senin ev**in**	*your home*	senin anne**n**	*your mother*
onun evi	*his/her/its home*	onun anne**si**	*his/her/its mother*
bizim evi**miz**	*our home*	bizim anne**miz**	*our mother*
sizin evi**niz**	*your home*	sizin anne**niz**	*your mother*
onların evi	*their home*	onların anne**si**	*their mother*

You met the **-im** and **-iniz** endings in Unit 2 (page 38).

When a noun has a possessed ending, you can usually leave out the personal pronouns. However, it is probably best if you don't leave out **onların**. This will avoid confusion between *his* and *their*.

6 Saying what you've got

To say the equivalent of *I've got a daughter*, in Turkish you say *There is my daughter*. Here are some examples:

Kızım var.	*I've got a daughter.*
Araban var.	*You've got a car.*

Odanın banyosu var mı?	*Has the room got a bath?*
Duşumuz yok.	*We haven't got a shower.*
Kibritiniz yok mu?	*Haven't you got a match?*
Onların arabası yok.	*They haven't got a car.*

7 -li *and* -siz

The endings **-li** and **-siz** mean *with* and *without*.

balkon*lu*	*with a balcony*
şeker*siz*	*without sugar, sugar-free*
süt*lü*	*with milk*
yağ*sız*	*without oil, fat-free*

You've already seen words constructed using these endings:

uzun ömür*lü*	*long-life* (literally *with long life*)
et*siz*	*without meat*

Note how **-li** follows i-type vowel harmony. These words ending in **-li** and **-siz** are adjectives.

You can add **-li** onto the name of a country to give the nationality.

Kanada	*Canada*	**Kanadalı**	*Canadian*
Çin	*China*	**Çinli**	*Chinese*
Irak	*Iraq*	**Iraklı**	*Iraqui*

Note that not all nationalities are formed in this way. Here are some exceptions:

Japonya	*Japan*	**Japon**	*Japanese*
Macaristan	*Hungary*	**Macar**	*Hungarian*
Rusya	*Russia*	**Rus**	*Russian*

You can also add **-li** onto the end of town names:

Londralı	*Londoner*
İstanbullu	*a person from Istanbul*
nereli?	*what nationality? where from?*

8 İstemek

You can use the verb **istemek** with a noun or a personal pronoun, for example:

Bir kilo domates istiyorum.   *I want a kilo of tomatoes.*
Seni istiyorum.   *I want you.*

You can also use it with the infinitive of a verb, for example:

Gitmek istiyorum.   *I want to go.*
Seni görmek istiyorum.   *I want to see you.*

 —————————— **Alıştırmalar** ——————————

The key to these exercises is on page 248.

1 Read this postcard from Istanbul. Fill in the gaps using the words listed here.

geçiyor   gidiyorum   içiyorum   istiyorum
oturuyorum   yazıyorum

Sevgili Kate,

Sana İstanbul'dan __ (a) __. Şimdi Boğaz'da bir lokantada __(b)__ ve kahve __(c)__. Deniz, manzara ve hava çok güzel. Tatil güzel __(d)__. Yarın İzmir'e __(e)__. Orada bir hafta kalmak istiyorum. Efes'e de gitmek __ (f)__.

Sevgilerle,
Asuman

---

sevgili	*dear*	**yarın**	*tomorrow*
Boğaz	*the Bosphorus*	**geçmek**	*to pass*
manzara	*view, panorama*	**sevgilerle**	*with love*

2 The sentences below describe a typical day for Pınar. They are, however, jumbled up. Place them in the correct order.

(a) Akşam yemeği yiyor.
(b) Saat yedide kahvaltı yapıyor.
(c) Öğleden sonra kütüphanede ders çalışıyor.
(d) Pınar erken kalkıyor, ve duş yapıyor.
(e) Saat beşte eve dönüyor.
(f) Saat onbirde yatıyor.
(g) Saat onikide büfede sandviç yiyor.
(h) Saat sekizde Marmara Üniversitesi'ne gidiyor.
(i) Sabah derslerine giriyor.

akşam yemeği	*dinner, evening meal*	**duş yapmak**	*to take a shower*
ders	*lesson*	**saat**	*hour*
ders çalışmak	*to study (for a course)*	**saat beşte**	*at five o'clock*
		yatmak	*to go to bed, lie down*
öğleden sonra	*afternoon*	**sandviç**	*sandwich*
kütüphane	*library*	**üniversite**	*university*
kalkmak	*to get up*	**girmek**	*to enter, to go int*
		dönmek	*to return/to turn*

---

3 Build meaningful sentences taking one item from each of the three columns.

(a) Ekmekçi	kilimleri	çalıyor.
(b) Kitapçı	kitapları	yapıyor.
(c) Halıcı	spor	satıyor.
(d) Futbolcu	ekmek	satıyor.
(e) Müzisyen	piyano	pişiriyor.

çalmak   *to play (an instrument)*   **pişirmek**   *to bake, to cook*
müzisyen   *musician*

4 Look at the town plan of Istanbul below and then answer the questions.

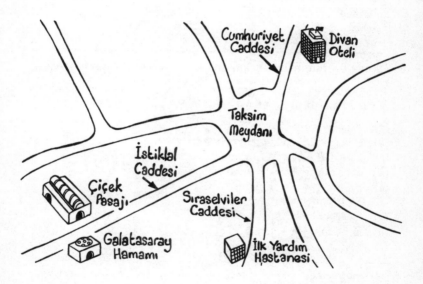

(a) Cumhuriyet Caddesi Galatasaray Hamamı'na gidiyor mu?
(b) Hangi yol Taksim'den ilk yardım hastanesine gidiyor?
(c) Hangi yol Çiçek Pasajı'ndan Taksim'e gidiyor?
(d) Cumhuriyet Caddesi Divan Oteli'nden hangi meydana gidiyor?

cadde	street, avenue	ilk yardım	first aid
hamam	Turkish bath	nereden	from where
hastane	hospital	nereye	to where

5 Create meaningful sentences using one item from each of the three columns.

(a) Bu restoranın	başkenti	tatsız.
(b) Finlandiya'nın	yolları	Helsinki.
(c) Bu odanın	saçları	İngilizce.
(d) İstanbul'un	dili	kirli.
(e) Kızımın	tuvaleti	kalabalık.
(f) Amerikalıların	yemekleri	sarı.

başkent	capital city	kirli	dirty
tatsız	tasteless	sarı	yellow, blonde
dil	language, tongue	kalabalık	crowded

6 Study the family tree below and then answer the questions.

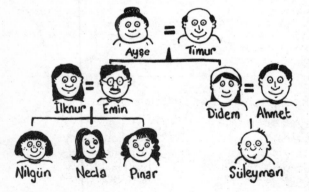

(a) Emin'in babası kim?
(b) Didem kimin eşi?
(c) Emin'in kızkardeşi kim?
(d) Necla'nın büyükbabası kim?
(e) Pınar'ın kuzeni kim?
(f) Timur'un kaç çocuğu var?
(g) Ayşe, Nilgün'ün anneannesi mi?
(h) Süleyman'ın kaç kuzeni var?

(i) Pınar, Didem'in teyzesi mi?
(j) Ayşe'nin erkek torunu kim?

baba *father*	**anneanne** *grandmother*
kız *daughter*	(mother's mother)
oğul *son*	**anne** *mother*
kardeş *brother or sister*	**kuzen** *cousin*
büyükbaba *grandfather* (father's	**teyze** *aunt* (mother's sister)
father)	**torun** *grandchild*
kızkardeş *sister*	

7 Referring to the family tree above, read the following passage and answer the question.

Bugün Timur'un doğum günü. Timur altmış yaşında. Bu akşam onun ailesi lüks bir restorana gidiyor. Emin gitmek istiyor, ama hasta. Eşi ve çocukları gidiyorlar. Süleyman evde kalıyor, çünkü çok küçük. Annesi restorana gidiyor ama babası evde kalıyor ve çocuğa bakıyor. Timur da restorana gidiyor tabii. Restorana tam kaç kişi gidiyor?

bugün *today*	**lüks** *first class, 'luxurious'*
doğum günü *birthday*	**hasta** *ill*
yaşında *years old*	**çocuğa bakmak** *to look after*
bütün *whole*	*a child*
olmak *to be, to become*	**tam** *exactly*

8 Match the colours to the appropriate nouns.

(a) sütlü çay   (i) beyaz
(b) çimen   (ii) kahverengi
(c) Türkiye'de deniz   (iii) kırmızı
(d) domates   (iv) mavi
(e) gece   (v) turuncu
(f) portakal   (vi) sarı
(g) muz   (vii) siyah
(h) yoğurt   (viii) yeşil

çimen *grass*	**turuncu** *orange* (colour)
kahverengi *brown*	**sarı** *yellow*
domates *tomato*	**muz** *banana*
havuç *carrot*	**yoğurt** *yoghurt*
portakal *orange* (fruit)	

9 There are ten Turkish items of food or drink hidden in this square. One has been found for you.

ü	ş	ö	e	k	m	e	k
s	a	l	a	t	a	y	ğ
ğ	r	e	k	a	v	u	n
c	a	ı	k	ı	m	e	
ı	p	o	ö	ş	ö	u	z
o	ı	t	ç	b	i	r	a
ç	s	u	ğ	s	ü	t	a
p	a	t	l	ı	c	a	n

Konuşma 2

Ten minutes later, the discussion in the carpet shop between Bengt and the salesman is still going on.

Bengt Yirmibeş milyon.
Satıcı Olmaz. Bakın, biz böyle kilimleri yirmibeş milyona alıyoruz.
Bengt Yirmialtı o zaman.
Satıcı Otuz. Daha ucuz satmıyoruz.
Bengt Otuz da çok. En son fiyatınız ne?
Satıcı Fiş istiyor musunuz?
Bengt İstemiyorum.
Satıcı Fişsiz, yirmisekiz milyon.
Bengt Tamam. Yirmisekiz iyi.
Satıcı Oldu efendim. Kilim sizin.

olmaz no, it's not on	**en son** last, final
böyle like this	**fiyat** price
yirmibeş milyona for twenty-five	**fiş** official VAT receipt
million	**fişsiz** without a receipt
o zaman in that case	**oldu** right, OK, that's settled
satmak to sell	

5
— ÇOK BEKLEDİNİZ Mİ? —

In this unit you will learn how to

- make introductions and be introduced
- talk about the past
- say what has happened
- tell the time

Konuşma

Ted is an American engineer working on a new project in Turkey. He has flown into Ankara, taken a taxi to his hotel, and after freshening up is now entering the hotel bar. Here he meets his Turkish clients: Kerim Bey, whom he knows, and Müfit Bey whom he has not met before. He is a little late.

Kerim Bey	Ted! Nasılsınız?
Ted	Teşekkür ederim. Çok iyiyim. Ya siz?
Kerim Bey	Teşekkür ederim, Ted. Müfit Beyi tanımıyorsunuz, değil mi? Ted Bey, Müfit Bey.
Müfit Bey	Memnun oldum.
Ted	Ben de çok memnun oldum Müfit Bey. Nasılsınız?
Müfit Bey	Teşekkür ederim. Hoş geldiniz.
Ted	Hoş bulduk. Geç kaldım. Affedersiniz. Çok beklediniz mi?
Müfit Bey	Önemli değil. Buyurun, oturun.
Kerim Bey	Yolculuk nasıldı?

Ted	Çok iyiydi. Çabuk geçti. Film seyrettim, radyo dinle-dim, biraz da uyudum.
Müfit Bey	Nereden geliyorsunuz? Miami'den mi?
Ted	Miami'den geliyorum ama, uçağım Frankfurt'ta durdu.
Kerim Bey	Orada çok beklediniz mi?
Ted	Çok beklemedik. Bir saat falan.

The waiter arrives.

Garson	Buyurun Beyler.
Kerim Bey	Ne içiyoruz? Şarap mı, rakı mı?
Müfit Bey	Ben tek bir rakı istiyorum.
Ted	Benim için de rakı lütfen.
Kerim Bey	Tek mi, duble mi?
Ted	Tek, lütfen.
Kerim Bey	(*to waiter*) İki tek, bir duble rakı, ve çerez.
Garson	Hemen efendim.

ya siz? *and you?* (set phrase)	**çabuk** *quick, quickly*
tanımak *to know someone, to be acquainted with*	**seyretmek** *to watch*
	seyrettim *I watched*
memnun oldum *pleased to meet you* (literally *I became happy*)	**dinledim** *I listened*
	uyudum *I slept*
geç kalmak *to be late*	**uçak** *aeroplane*
geç kaldım *I was late*	**durmak** *to stop*
affedersiniz *I'm sorry, excuse me*	**durdu** *it stopped*
beklediniz mi? *have you been waiting? did you wait?*	**orada** *there*
	beklemedik *we didn't wait*
önemli *important*	**falan** *roughly, or so*
önemli değil *never mind*	**benim için** *for me*
yolculuk *journey*	**tek rakı** *a single* **rakı**
nasıldı *how was it? how was . . .?*	**duble rakı** *a large* **rakı**
iyiydi *it was good*	**çerez** *nibbles* (usually roasted nuts and chickpeas)
geçti *it passed*	

Sorular

Yanlış mı, doğru mu?

1 Ted geç kaldı.
2 Ted, Kerim Beyi tanıyor ama Müfit Beyi tanımıyor.
3 Ted'in uçağı altmış dakika falan Almanya'da durdu.
4 Müfit alkol kullanmıyor.

(The answers are on page 248).

✳ Notlar

Nasılsınız? Teşekkür ederim!

In Turkish, the most common response to *how are you?* is simply *thank you*. There is no need to say *fine* or *I'm well* as we do in English.

Rakı

Turks are proud of their national drink, **rakı**. It tastes of aniseed and is drunk mixed with water. Order a **rakı** rather than an imported drink and you will impress a Turkish host.

İyiydi

Note how you insert a **y** between **iyi** and the ending **-di** in order to help pronunciation. This is despite the fact that there is no clash of vowels!

Radyo dinledim

When Ted says **radyo dinledim** you would translate it as *I listened to the radio*. However, the word **radyo** does not have the **-i** ending which is the Turkish equivalent of *the*. This is because *to listen to the radio* is a set phrase in English – it does not actually mean a specific radio. In Turkish, you only use the **-i** ending when you are referring to a specific object. As far as the Turks are concerned, Ted was listening to *a* radio.

Çok beklediniz mi?

Note how this question appears twice in the dialogue. The first time Ted uses it to ask *have you been waiting long?* The second time, Kerim Bey asks *Did you wait long?* Turkish has no equivalent of the English *have been* tense, so you use the past tense instead.

Later in this book you will discover that, in some specific cases, Turkish uses a present tense where we use *have done* in English. There is an example of this in the dialogue: you would translate **Nereden geliyorsunuz?** as *where have you come from?*

📷 ——————————— **Dilbilgisi** ———————————

1 The past tense

The past form of *to be*

You can spot the past tense by an ending which includes **-di**. Here is the past form of the verb *to be*.

Present	Past
zengin**im** (*I am rich*)	zengin**dim** (*I was rich*)
zengin**sin**	zengin**din**
zengin	zengin**di**
zengin**iz**	zengin**dik**
zengin**siniz**	zengin**diniz**
zengin**ler**	zengin**diler**
	or zengin**lerdi**

If you put these endings on a word which ends in a vowel, add a **-y-** as well, for example:

| **İyiydim.** | *I was good.* |
| **Satıcıydı.** | *It was a salesperson.* |

You say *was not* by using the word **değil** with the above endings. For example:

Mutlu değil*dim*.	*I wasn't happy.*
Soğuk değil*di*.	*It wasn't cold.*
Hazır değil*lerdi*.	*They weren't ready.*

The past form of verbs

To make the simple past tense of a verb you take the following steps:

Action	Example
Take the stem of the verb.	gel
Add the past form of the verb *to be*.	gel**dim**

Here are some more examples:

gel*dim*	*I came*
gül*dün*	*you smiled*
seyret*ti*	*he watched*
git*tik*	*we went*
başla*dınız*	*you started*
bekle*diler*	*they waited*

To make a past verb negative, add **-me** onto the stem of the verb.

Here are some negative and question forms:

I didn't come	Did I come . . . ?	Didn't I come . . . ?
gelmedim	geldim mi?	gelmedim mi?
gülmedin	güldün mü?	gülmedin mi?
seyretmedi	seyretti mi?	seyretmedi mi?
gitmedik	gittik mi?	gitmedik mi?
başlamadınız	başladınız mı?	başlamadınız mı?
beklemediler	beklediler mi?	beklemediler mi?

Note how the **mi?** comes *after* the personal endings. Compare this with the question forms of the **-iyor** present tense described on page 62.

2 Using the past tense

Translating *have done*

Turkish does not have an equivalent of the English tense *have done*. Instead, you often use the past tense, for example:

Hiç rakı içtin mi?	*Have you ever drunk rakı?*
Türkiye'ye gitmedim.	*I haven't been to Turkey.*
Yemeğinizi bitirdiniz mi?	*Have you finished your meal?*

In some cases you use the Turkish **-iyor** tense to translate the English *have done* tense. This is explained on page 159.

Where English uses a present tense

Note that Turks sometimes use the past tense where English uses the present tense. In conversation you are likely to hear the following:

Phrase	Literal translation	Meaning
Geç kaldım.	*I was late.*	*I'm late.*
Anladım.	*I understood.*	*I understand.*
Bunu çok sevdim.	*I liked this a lot.*	*I like this one a lot.*
Anladınız mı?	*Did you understand?*	*Do you understand?*
Geldim!	*I came!*	*I'm coming, I'll be right there!*

3 Telling the time

Telling the time by the hour and half-hour is easy. You will learn the times in between in a later unit.

– **Saat kaç?**	*What's the time?*
– **Saat üç.**	*Three o'clock.*
	(literally *The time is three*.)
– **Saat kaçta?**	*At what time?*
– **Saat üçte.**	*At three o'clock.*
– **Kaç saat?**	*How many hours?*
– **Üç saat.**	*Three hours.*
Saat dört buçuk.	*It's half past four*.
Dört buçukta.	*At half past four*.
Dört buçuk saat.	*Four and a half hours*.

There is one oddity: half past twelve is simply **yarım**.

Yarımda gel.   *Come at half past twelve.*

4 Compound nouns

In English you can describe a noun using another noun (for example, *cheese sandwich*, *mountain bike*, *beer garden*). When you use two nouns together like this, the result is called a compound noun.

In Turkish, when you make compound nouns, the second noun takes the possessed ending **-i** or **-si**. For example:

pizza evi	*pizza house*
aile salonu	*family room (found in a restaurant or café)*
yatak odası	*bedroom*
iş adamı	*businessman*
Atatürk Havalimanı	*Atatürk airport*
Odeon sineması	*the Odeon cinema*

Remember that the possessed form of **su** is **suyu**. For example:

maden suyu	*mineral water*
portakal suyu	*orange juice*

5 Verbs which need -i, -e and -den

Look at these sentences:

Melek arabayı gördü. *Melek saw the car.*
Melek arabayı aldı. *Melek bought/took the car.*
Melek arabayı sürdü. *Melek drove the car.*

The car is the thing which was found, bought and driven. It is the object of the verbs. As you might expect, it has the direct object ending **-i** (in this case **-ı**).

Now look at these sentences:

Melek arabaya baktı. *Melek looked at the car.*
Melek arabaya aşık oldu. *Melek fell in love with the car.*
Melek arabaya bindi. *Melek got into the car.*

In these sentences the car is again the object of the verbs. However, it does not have the direct object ending **-i**, but has the *to* ending **-e** (in this case **-a**) instead.

Question: Why?
Answer: Because some verbs, including **bakmak**, **aşık olmak** and **binmek**, insist on their objects taking the **-e** ending instead of the **-i** ending.

Now look at these sentences:

Melek arabadan bıktı. *Melek got fed up with the car.*
Melek arabadan indi. *Melek got out of the car.*
Melek arabadan nefret etti. *Melek hated the car.*

In these sentences the car is again the object of the verbs. However, it has the *from* ending **-den** (in this case **-dan**) instead.

Question: Why?
Answer: Because some verbs, including **bıkmak**, **inmek** and **nefret etmek**, insist on their objects taking the **-den** ending.

In the glossary at the end of this book, verbs which insist on their objects taking the **-e** or **-den** endings appear like this:

binmek (-e)
inmek (-den)

Assume that all others use the **-i** ending.

6 For

İçin means *for, for the sake of* or *because of.*

When **için** refers to a personal pronoun, give the pronoun a possessor ending. For example:

ben*im* için	*for me, for my sake*
Sen*in* için aldım.	*I bought it for you.*
o*nun* için	*for him / her, because of that, that's why*
bu*nun* için	*because of this, this is why* ...

When **için** refers to a noun, you do not give the noun an ending. For example:

Bu bira Ahmet için.	*This beer is for Ahmet.*
Bebek için hediye aldım.	*I bought a present for the baby.*

An alternative way of saying *for* is to use the ending **-e**. Here are some examples:

Bu bira Ahmet'e.	*This beer is for Ahmet.*
Bebeğe hediye aldım.	*I bought a present for the baby.*
Bana bir bira.	*A beer for me.*
Beş bin liraya.	*For five thousand lira.*

7 Question words

You can add various endings or the word **için** onto question words such as **ne** or **kim**. Here are some examples of the resulting meanings:

	-i	-e	-de	-den	-in	-için
ne	neyi (*what*)	niye (*why*)	nerede (*where*)	neden (*why*)	neyin (*of what*)	niçin (*why*)
kim	kimi (*whom*)	kime (*to whom, who for*)	kimde (*on whom*)	kimden (*who from*)	kimin (*whose*)	kim için (*who for*)

You could probably have guessed the meanings of most of these combinations. Note, however, all the alternative ways of asking *why?*

8 Word order

You place the words **mi** and **de** (meaning *also*) directly *after* the words they refer to.

Study these sentences with **mi**:

Bana bira getiriyor musun?   *Are you getting me a beer?*

Bana mı bira getiriyorsun?   *Am I the person you're getting a beer for?*

Bana *bira mı* getiriyorsun?   *Is it beer that you're getting me?*

Now study these sentences with **de**:

Bana *da* bir bira getirin.   *Bring a beer for me, too.* (meaning as well as for my friend)

Bana *bir bira da* getirin.   *Bring me a beer as well.* (meaning as well as some food)

 ———————— **Alıştırmalar** ————————

The key to these exercises is on page 248.

1   Match these questions and answers.

(a) Adınız ne?	(i) Yarım.
(b) Ne öğreniyorsunuz?	(ii) Dokuzyüzbin lira.
(c) Kaça?	(iii) Elektrikçi.
(d) Mesleğiniz ne?	(iv) Güney Afrikalı.
(e) Nerelisiniz?	(v) Konya'da.
(f) Nerede oturuyorsunuz?	(vi) Türkçe.
(g) Saat kaç?	(vii) Didem İbrikçibaşoğlu.
(h) Bu kim için?	(viii) Hakan'da.
(i) Para kimde?	(ix) Öğrenmek için.
(j) Gazeteyi niye okuyorsunuz?	(x) Benim için.

2   Fill in the gaps below using words from the list in order to make meaningful compound nouns. Add or alter endings where necessary. The first one has been done for you.

     çorba   durak   kaset   kahve   makine   otel

(a) Türk <u>kahvesi</u>
(b) domates _____
(c) Hilton _____
(d) otobüs _____
(e) fotoğraf _____
(f) müzik _____

durak	*stop*	**makine**	*machine, apparatus*
çorba	*soup*		

3 Fill in the gaps with possessive endings, and remember to make any necessary changes to the spellings of the words.

(a) David_____ kedisi geldi.
(b) Benim yemek_____ bitti.
(c) İrlanda_____ başkenti Dublin.
(d) Ali gelmiyor. Anne_____ hasta.
(e) Sizin araba_____ çalışıyor mu?

bitmek	*to finish*	**çalışmak**	*to work*
İrlanda	*Ireland*		

4 All the alternatives listed below are grammatically correct, but which ones are appropriate for the given situation? One or more may be suitable.

(a) You want to tell someone you understand what they are telling you.
   (i) Anlıyorum.
   (ii) Anladım.
   (iii) Biliyorum.
(b) Your boss has just told you that her husband is very ill.
   (i) Özür dilerim.
   (ii) Geçmiş olsun!
   (iii) Affedersiniz.
(c) A shopkeeper shows you a dress. You don't like it.
   (i) Sevmiyorum.
   (ii) Güzel değil.
   (iii) Sevmedim.

(d) A shopkeeper has just asked a high price for an object.
  (i) Çok para.
  (ii) Çok pahalı.
  (iii) Pahalı geldi.

(e) You are late for a meeting. What do you say?
  (i) Pardon.
  (ii) Affedersiniz.
  (iii) Özür dilerim.

(f) You want to get past someone who is standing in your way.
  (i) Bir dakika.
  (ii) Pardon.
  (iii) Affedersiniz efendim.

5 Match the doers with their actions.

(a) Arşimet	(i)	Amerika'yı keşfetti
(b) Şarlo	(ii)	çok komik filmler yaptı
(c) Kristof Kolomb	(iii)	denizde battı
(d) The Beatles	(iv)	komünist bir politikacıydı
(e) Titanik	(v)	pop müziği grubuydu
(f) Vladimir İlyiç Lenin	(vi)	ünlü bir matematikçiydi

batmak *to sink*	**politikacı** *politician*
komik *funny*	**keşfetmek** *to discover*
ünlü *famous*	**Şarlo** *Charlie Chaplin*
grup *group (pop group)*	

6 Look at this sign and then answer the questions below.

(a) What is the compound noun?
(b) Which word is the direct object of the verb?
(c) Which letters are buffer consonants?
(d) Translate the sign into English.

çöp *rubbish*	**kutu** *box*
çöpler *pieces of rubbish*	

7 How many compound nouns can you find on this museum ticket?

kültür *culture*	**müze** *museum*
bakanlık *ministry*	**giriş** *entry*
Efes *Ephesus*	

8 Answer the following questions using the figures shown in brackets. The first one has been done already.

(a) Saat kaçta kalkıyor? (8.00)
   Saat sekizde.
(b) Ekspres otobüs ne zaman geliyor? (7.30)
(c) Ankara'ya kaç saat? (1.00)
(d) Film saat kaçta başlıyor? (9.00)
(e) Şimdi saat kaç? (12.30)

(f) Film ne kadar uzun? (2.00)
(g) Tokyo'da saat kaç? (3.00)

9 Examine this diagram and then answer the questions.

(a) Hakan kimi seviyor?
(b) Hakan'ı kim seviyor?
(c) Nilgün'e kim aşık?
(d) Nilgün kime aşık?
(e) Nilgün'den kim nefret ediyor?
(f) Yusuf kimden nefret ediyor?

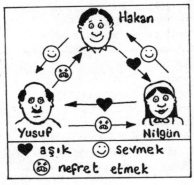

10 Match these questions and answers.

(a) Niçin ağlıyorsun?   (i) Çünkü çok yoruldu.
(b) Neden bağırıyorsun?   (ii) Çünkü cüzdanımı kaybettim.
(c) Niye telefon ettin?   (iii) Çünkü sizden korktuk.
(d) Ne için erken yatıyor?   (iv) Çünkü dinlemiyorsun.
(e) Neden gelmiyor?   (v) Çünkü onu seviyorum.
(f) Niye bana sormadınız?   (vi) Konuşmak için.
(g) Neden onu öptün?   (vii) Çünkü meşgul.

ağlamak to cry	**konuşmak** to talk, converse
bağırmak to shout	**meşgul** busy, occupied
cüzdan purse, wallet	**korkmak (-den)** to be afraid of
sormak (-e) to ask someone	**kaybetmek** to lose

Konuşma 2

A couple of hours later, Ted and Müfit are in the hotel restaurant. Kerim is phoning his wife, Sema, to say he'll be late.

Sema   Alo?

Kerim	Ben Kerim. Ne haber?
Sema	İyilik. Nereden arıyorsun?
Kerim	Ted'in otelinden. Geç kaldım, biliyorum, ama çok konuştuk.
Sema	Tamam. Ne zaman geliyorsun?
Kerim	Tam bilmiyorum. Bir saat filan sonra.
Sema	Çok içtiniz mi?
Kerim	Biraz içtik.
Sema	Arabayı otelde bırak. Taksiye bin, lütfen.
Kerim	Yok yok, sarhoş değilim. Az içtim.
Sema	Peki. Ted nasıl?
Kerim	Yorgun ama iyi.
Sema	Pazar günü bize öğle yemeği için geliyor mu?
Kerim	Sormadım. Gelecek galiba.
Sema	Sor. Unutma. Benden selam söyle.
Kerim	Tamam. Hadi, hoşça kal.
Sema	Hoşça kal.

haber *news*
ne haber? *what's new? how are things?*
iyilik *fine* (the set response to **ne haber?**)
aramak *to telephone, to seek*
sonra *later*
bir saat sonra *in an hour's time, an hour later*
bırakmak *to leave* (something)
sarhoş *drunk*

yorgun *tired*
pazar *Sunday*
pazar günü *on Sunday*
öğle yemeği *lunch*
sormak *to ask*
gelecek *he will come*
galiba *presumably, I think*
unutmak *to forget*
selam söyle *say hello*
hadi *right, OK*

6
YARIN ERKEN KALKACAĞIM

In this unit you will learn how to

- talk about the future
- make suggestions
- say where things are in relation to each other

———————— Konuşma ————————

Sarah is an English language teacher working in the town of Bursa.
Berkant is one of her Turkish colleagues. They meet in the corridor of
the language school where they work.

Berkant Bu akşam ne yapıyorsun?
Sarah Bilmiyorum. Niçin soruyorsun?
Berkant İki arkadaşla lokantaya gidiyoruz. Bizimle gelsene.
Sarah Teşekkür ederim, hayır. Geç yatmak istemiyorum çünkü
yarın işe erken geleceğim. Saat sekizde dersim var.
Berkant Fark etmez. Hadi, gel bizimle.
Sarah Bilmiyorum. Emin değilim.
Berkant Hadi. Yarın ben de erken kalkacağım. Sabah erken benim
de dersim var. Geç dönmeyeceğiz, vallahi.
Sarah Arkadaşların kimler?
Berkant Cenk ve Hans. Cenk'i tanıyorsun. Hans onun Alman arka-
daşı. Türkiye'de tatil yapıyor. Üç dört gün Bursa'da kaldı,
yarın Pamukkale'ye gidecek. Hoş bir çocuk.

Sarah	Hangi lokantaya gidiyorsunuz?
Berkant	Bilmiyorum. Cenk biliyor. Ama iyi bir yere gideceğiz.
Sarah	Tamam, ben de geleceğim. Beni arabayla alacak mısın?
Berkant	Arabayla gitmeyeceğiz. Arabam bozuk.
Sarah	O zaman nerede buluşacağız?
Berkant	Cenk ve Hans'la saat sekizde otogarda buluşacağız. Sana yakın, değil mi? Oradan dolmuşla gideceğiz.
Sarah	İyi. Otogarın neresinde?
Berkant	Ulu Caddesi'nde turizm danışma bürosu var ya? Onun önünde.
Sarah	Anladım. Görüşmek üzere.
Berkant	Hoşća kal.

iki arkadaşla *with two friends*	**bozuk** *broken*
gideceğim *I will go*	**buluşmak** *to meet, to rendezvous*
fark *difference*	**buluşacağız** *we'll meet*
fark etmez *never mind that, so what*	**ile** *with*
bizimle *with us*	**Hans'la** *with Hans*
gelsene *come on, why don't you come?*	**otogar** *bus station*
	yakın *near*
emin *sure*	**oradan** *from there*
kalkacağım *I'll get up*	**dolmuşla** *by shared taxi*
sabah sabah *early in the morning*	**neresi** *whereabouts*
geç dönmeyeceğiz *we won't come back late*	**otogarın neresinde?** *whereabouts in the bus station?*
vallahi *I swear*	**cadde** *street, avenue*
kimler *who?* (plural)	**Ulu Caddesi** *Ulu Avenue*
tatil *holiday*	**danışma** *advice*
hoş *pleasant, nice*	**büro** *office*
çocuk *child* (here *lad, bloke*)	**ya?** *you know?*
gideceğiz *we'll go*	**onun önünde** *in front of it*
arabayla *by car*	**anladım** *I understand, I see*
gitmeyeceğiz *we won't go*	**görüşmek üzere** *see you*

Sorular

1 Berkant ve arkadaşları bu akşam ne yapıyorlar?
2 Sarah nićin gitmek istemiyor?
3 Lokantaya neyle gidecekler?
4 Nerede buluşacaklar?

(The answers are on page 249.)

Notlar

Saying *no*

It is difficult to turn down a Turkish offer. Saying *no* is usually taken as meaning *go on, talk me into it*. If you really mean *no* you can try saying **vallahi** or **eminim** (*I'm sure*). They may work . . .

Hadi

This is another word you will hear used almost as often as **buyurun**. It means *come on* or *go on* or *alright then*. When in Turkey try keeping a tally of the number of times you hear it in a day!

The future

Note how the speakers in this dialogue switch between using the present continuous tense with a future meaning and the 'real' future tense which contains the ending **-ecek**. Often the two are interchangeable.

'Stuffed' taxis

Dolmuşlar are shared taxis. They run along set routes and charge fixed fares but do not follow timetables. Before setting off, they wait until they are full (hence their name which means *stuffed* or *packed*), then drop off and pick up passengers along the way.

 ———————— **Dilbilgisi** ————————

1 The future

Statements

You can spot a future tense by the presence of **-ecek**. To make the future, follow these steps:

Action	Example
Take the stem of the verb. Add **-ecek** Add the Turkish equivalent of the verb *to be*.	iç içecek içecek**siniz**

The ending **-ecek** has two forms (**-ecek** and **-acak**) as it follows e-type vowel harmony. Here are some examples:

geleceğim	*I will come*
sat**acak**sın	*you will sell*
sür**ecek**	*she will drive*
yaz**acağ**ız	*we will write*
al**acak**sınız	*you will buy*
bekley**ecek**ler	*they will wait*

To make a future verb negative, add **-me-** onto the stem of the verb:

Positive	Negative
geleceğim	gel**mey**eceğim
satacaksın	sat**may**acaksın
sürecek	sür**mey**ecek
yazacağız	yaz**may**acağız
alacaksınız	al**may**acaksınız
bekleyecekler	bekle**mey**ecekler

Note how you always need a buffer **-y-** between **-me-** and **-ecek**.

Questions

To make a question from a verb in the future tense, follow these steps:

Action	Example
Take the future form of the verb. Split the word in two. The second word is the equivalent of the verb *to be*. Replace the second word with its question form.	geleceksiniz gelecek siniz gelecek misiniz?

Here are some examples:

Statement	Question
bakacağım	bakacak mıyım?
süreceksin	sürecek misin?
gelecek	gelecek mi?
vereceğiz	verecek miyiz?
güleceğiz	gülecek misiniz?
koşacaklar	koşacaklar mı?

Note that the *they* form differs from all the rest by putting **mi** right at the end rather than in the middle.

Here are some negative examples:

Bakmayacak mıyım?	*Won't I look?*
Sürmeyecek misin?	*Won't you drive?*
Gelmeyecek mi?	*Won't he come?*
Vermeyecek miyiz?	*Won't we give?*
Gülmeyecek misiniz?	*Won't you smile?*
Koşmayacaklar mı?	*Won't they run?*

Olacak

You can use the verb **olmak** as the future form of *to be*, **var** or **yok**. For example:

Present	Future
Mutluyum.	Mutlu olacağım.
İyi misin?	İyi olacak mısın?
Bugün Hakan burada.	Yarın Hakan burada olacak.
Bugün Ankara'dayız.	Yarın Ankara'da olacağız.
Hasta değilsiniz.	Hasta olmayacaksınız.
Arkadaşlarım burada.	Arkadaşlarım burada olacaklar.
Yeni arabam var.	Yeni arabam olacak.
Su yok.	Su olmayacak.

2 Informal suggestions

Add **-sene** or **-senize** to the stem of a verb to get the equivalent of *why don't you ...*

sen form	*siz* form	English
Gel**sene!**	Gel**senize!**	*Do come!*
Bak**sana!**	Bak**sanıza!**	*Why don't you look!*
At**sana!**	At**sanıza!**	*Come on, throw it!*

These phrases could be friendly suggestions or an expression of impatience depending on your tone of voice.

3 ile

The world **ile** means *with*. You can shorten it to the ending **-le**. For example:

Kardeşimle git.   *Go with my brother.*
Arabayla gidiyorum.   *I'm going by* (literally *with*) *car.*
Demet'le olmak istiyorum.   *I want to be with Demet.*

When it is shortened to an ending, **-le** follows the e-type vowel harmony.

You use the word **ile** in some places where we use *and* in English. For example:

Pınar ile Didem geliyorlar.   *Pınar and Didem are coming.*
Banka ile PTT'nin arasında.   *Between the bank and the post office.*

When you use **-le** with personal pronouns, the pronouns need the possessor ending (except for the *they* form). For example:

Benimle gel.   *Come with me.*
Seninle benim aramızda.   *Between you and me.*
Onunla gitsene.   *Why don't you go with her.*
Bizimle kal.   *Stay with us.*
Sizinle olmak istiyorum.   *I want to be with you.*
Onlarla gelecek.   *He'll come with them.*

-le and -li

Question: What's the difference between the **-le** and **-li** endings?
Answer: You only use **-li** to make adjectives. Examples are **sütlü** and **meyveli**. You use **ile** or **-le** on all other occasions.

Note that:

- **-li** follows i-type vowel harmony and has four variants: **-lı, -li, -lu** and **-lü**.
- **-le** follows i-type vowel harmony and has two variants: **-le** and **-la**.

4 Onto, on top of, off

üst	*top*
masanın üstü	*the table's top*

masanın üstüne	*onto the table*
masanın üstünde	*on top of the table*
masanın üstünden	*off the table*

Note the buffer **-n-** after **üstü**.

Bir kedi masanın üstüne atlıyor.   *One cat's jumping onto the table.*

See page 129 for the rule about when to use **-y-** and when to use **-n-** as a buffer consonant.

Bir kedi masanın üstünde oturuyor.	*One cat's sitting on top of the table.*
Öbür kedi masanın üstünden atlıyor.	*Another cat's jumping off the table.*

5 Prepositions of place

The words *on top of* and *behind* tell us where something is in relation to other things. They are prepositions of place. The Turkish equivalent of *on top of it* is *on its top*. The Turkish equivalent of *behind it* is *at its back*.

Look at the following Turkish nouns:

alt	*bottom*
ön	*front*
arka	*back*
yan	*side*
orta	*middle*

Now look at the same words when you use them with possessives *and* the **-de** ending:

-in altında	*under*
-in önünde	*in front of*
-in arkasında	*behind*
-in yanında	*beside*
-in ortasında	*in the middle of*

Here are some example sentences with **-de**, **-e** and **-den** endings:

Kedi masanın altından geldi.	*The cat came from under the table.*
Kedi televizyonun altında.	*The cat's under the table.*
Masanın ortasına koy.	*Put (it) in the middle of the table.*
Bakkalın önünde.	*In front of the grocer's shop.*
Önümde.	*In front of me.*
Arabanın arkasında.	*Behind the car.* or *In the back of the car.*
Arkanızda.	*Behind you.*
Yanıma gel.	*Come beside me.*
Yanımda oturuyor.	*He's sitting next to me.*
Neyin arkasında?	*Behind what?*
Kimin yanında?	*Beside whom?*

Here are some more prepositions of place:

Noun		Preposition of place	
iç	*interior*	-in içinde	*inside*
dış	*exterior*	-in dışında	*outside*
ara	*gap, interval*	... ile ... -in arasında	*between ... and ...*
etraf	*surrounding(s)*	-in etrafında	*around*
taraf	*side*	-in tarafında	*on ...'s side*
karşı	*opposite*	-in karşısında	*opposite*

PTT'nin karşısında.	*Opposite the post office.*
Otel ile plajın arasında.	*Between the hotel and the beach.*
Kutunun dışında mı, içinde mi?	*Is it outside or inside the box?*
Otelimizin etrafında çok bar var.	*There are a lot of bars around out hotel.*
Aramızda bir şey yok.	*There's nothing (going on) between us.*
Kimin tarafındasınız?	*Whose side are you on?*

6 Telling the time accurately

To the hour

Turkish	Literal translation	English
Saat bire beş var.	*There are five to one o'clock.*	*It's five to one.*
Saat üçe on var.	*There are ten to three o'clock.*	*It's ten to three.*
Dörde çeyrek var.	*There is a quarter to four.*	*It's a quarter to four.*
Altıya yirmi var.	*There are twenty to six.*	*It's twenty to six.*
Onikiye yirmibeş var.	*There are twenty-five to twelve.*	*It's twenty-five to twelve.*

Note the **-e** ending on the hour's number.

Past the hour

Turkish	Literal translation	English
Saat biri beş geçiyor.	*Five is passing one o'clock.*	*It's five past one.*
Saat üçü on geçiyor.	*Ten is passing three o'clock.*	*It's ten past three.*
Dördü çeyrek geçiyor.*	*A quarter is passing four.*	*It's a quarter past four.*
Altıyı yirmi geçiyor.	*Twenty is passing six.*	*It's twenty past six.*
Onikiyi yirmibeş geçiyor.	*Twenty-five is passing twelve.*	*It's twenty-five past twelve.*

Note the **-i** ending (the direct object ending) on the hour's number. (*Note also how the **t** in **dört** changes to **d** to help pronunciation.)

At ...

Turkish	Literal translation	English
Saat bire beş **kala**.	*When five remain to one o'clock.*	*At five to one.*
Saat biri beş **geçe**.	*When five pass one o'clock.*	*At five past one.*

Here, you use the word **kala** instead of **var**, and **geçe** instead of **geçiyor**.

Alıştırmalar

The key to these exercises is on page 249.

1 Look at this picture of a beach scene, then answer the questions below.

(a) Güneş kremi kovanın içinde mi?
(b) Gazete, kitabın altında mı?
(c) Meşrubatlar şemsiyenin altında mı?
(d) Kitap, kova ile kremin arasında mı?
(e) Top, kalenin yanında mı?
(f) Güneş gözlüğü nerede?
(g) Top neyin arkasında?
(h) Bira, kola ile kalenin arasında mı?
(i) Krem neyin yanında?
(j) Kitap nelerin arasında?

güneş *sun*		**kale** *castle*	
kova *bucket*		**kum** *sand*	
gazete *newspaper*		**top** *ball*	
şemsiye *umbrella, parasol*		**gözlük** *glasses, spectacles*	
kitap *book*			

2 The following dialogue takes place between two neighbours. Fill in the gaps using the phrases on the right.

– Merhaba Ali. Geçen hafta neredeydin?

(i) Hayır. Kardeşimin yatında kaldım.

– _____(a)_____

(ii) Tatildeydim.

– Sahi mi? Ama sen yeni tatile gitmedin mi?

(iii) Evet. Geçen ay Fethiye'ye gittim.

– _____(b)_____

(iv) Yine Fethiye'ye.

– Hatırladım. Bu defa nereye gittin?

– _____(c)_____

– Aynı otelde mi kaldın?

– _____(d)_____

sahi mi? *really?*	**bu defa** *this time*
yeni *just now, recently*	**yat** *yacht*
defa *occasion, time*	**yine** *again*
hatırlamak *to remember*	

3 Match the following questions and answers.

(a)	Kimin?	(i)	Benim değil.
(b)	Kimle konuşuyorum?	(ii)	Belki Avrupa'ya.
(c)	Meydanın neresinde?	(iii)	Ankaralıyım.
(d)	Nerelisiniz?	(iv)	Heykelin.
(e)	Nereye?	(v)	Müdürle.
(f)	Neyin önünde?	(vi)	Çok işim vardı.
(g)	Neyle gidiyoruz?	(vii)	Ortasında.
(h)	Neden gelmedin?	(viii)	Bankadan.
(i)	Nereden geliyorsun?	(ix)	Otobüsle.

belki *maybe*	**heykel** *statue*
Avrupa *Europe*	**müdür** *director, principal*

4 İlknur is a busy businesswoman. She is married to Fikret. Study her diary (on page 102) for next week, then decide whether the statements made about her are true or false.

(a) Pazartesi saat on buçukta toplantı olacak.

(b) Salı yediyi on geçe Ankara'dan dönecek.

(c) Perşembe işe gitmeyecek çünkü eşinin doğum günü.

(d) Cumartesi saat sekize çeyrek kala tiyatroda olacak.

(e) Pazar annesinin evine öğle yemeğine gidecek.

Pazartesi	Perşembe	
10.00 - Hakan 14.00-17.00 - Sabancı	Fikret'in doğumgünü - işten izin! (cumartesi için biletleri al)	
Salı 07.10 - Uçakla Ankara'ya 20.35- İstanbul'a dönüş (Aydın ablaya telefon et)	**Cuma** 09.00-10.00 - Kof 12.00 - Çiller 13.00 - Kaptan Restoran 16.00 - Yılmaz	
Çarşamba 10.00 - Proje toplantısı 15.00 - Şakir 16.30 - Demirel (Hediye al!)	**Cumartesi** 10.00 - Tenis 19.45 - Tiyatro	**Pazar** 10.00 - Tenis 12.00 - Annem geliyor

dönüş	*return*	**hediye**	*present*
proje	*project*	**izin**	*permission, holiday from work*
toplantı	*meeting*		

5 Translate the following into Turkish.

(a) It's ten past three.
(b) At twenty-five to one.
(c) At a quarter past twelve.
(d) It's a quarter to four.
(e) At a quarter past midnight.
(f) It's five to six.
(g) At five past seven.
(h) It's a quarter past eleven.
(i) It's twenty-five past twelve.
(j) At twenty past two.

6 Here is next Sunday's viewing guide for a Turkish satellite television channel. Study it, then answer the questions below.

(a) Kaç film oynayacak?
(b) Kaç saat müzik olacak?
(c) Sabah saat sekiz ile on arasında çocuk programları var mı?
(d) "Torba" saat kaçta başlayacak?

EUROSHOW – 19 Kasım Pazar

08.00	Süper Arkadaşlar
08.30	Zorro
09.00	Bugs Bunny
10.00	Sinema "Dinozorlar"
11.30	İlk On
12.10	Torba
12.50	Sinema "Hayal Kutusu"
14.45	Türk Sineması "Deliler Almanya'da"
16.10	Sinema "Kadın Jandarmalar"
17.45	Maç Önü
18.00	Galatasaray – Ankaragücü
20.00	Haberler
20.25	Çağdaş Yarınlara Adım Adım
21.10	Sinema "Kızıl Ateş"
22.40	Muazzez Abacı Konseri
23.40	Sinema "Harley"
00.55	Tatlı Rüyalar
01.20	Haberler

(e) "Torba" saat kaçta bitecek?
(f) Kaç saat spor olacak?
(g) Türk sineması saat kaçta başlıyor?
(h) Haberler saat kaçta başlayacak?
(i) 'Maç Önü' saat kaçta başlayacak?

arkadaş *friend*	**haber** *news*
dinozor *dinosaur*	**Çağdaş Yarınlara Adım Adım**
ilk on *the 'top ten' pop chart*	documentary programme
torba *'bag'* (magazine	**kızıl** *red*
programme)	**ateş** *heat, temperature*
hayal *imagination*	**tatlı** *sweet*
deli *mad, crazy*	**rüya** *dream*
kadın *woman*	**bitmek** *to come to an end,*
jandarma *military police*	*to finish*
maç önü *pre-match programme*	

7 Erol and his daughter Gonca are writing their New Year's resolutions. Which of the following were written by Erol, and which by Gonca?

(a) Daha yavaş araba süreceğim.

(b) Her akşam ders çalışacağım.

(c) On kilo vereceğim.

(d) Çok televizyon seyretmeyeceğim.

(e) Kardeşimle kavga etmeyeceğim.

(f) Çocuklarımla daha çok oynayacağım.

(g) Okula geç kalmayacağım.

(h) Çocukların önünde küfür etmeyeceğim.

(i) Dişlerimi her gün fırçalayacağım.

(j) Daha erken eve döneceğim.

(k) Sigarayı bırakacağım.

Erol Gonca

yavaş *slow, slowly*	**küfür etmek** *to swear*
sürmek *to drive*	**diş** *tooth*
kavga etmek *to fight, to argue*	**fırçalamak** *to brush*
kilo vermek *to lose weight*	

8 Match the suggestions to the recipients.

(a) To a child refusing her dinner.   (i) Acele etsene.

(b) To someone prattling on.   (ii) Dikkat etsenize.

(c) To someone treading on your heels. (iii) Sussana.

(d) To someone watching you struggle. (iv) Şikayet etsenize.

(e) To someone who says they're tired. (v) Yardım etsene.

(f) To someone who's lagging behind. (vi) Yatsana.

(g) To someone who says their (vii) Yesene.
neighbour is noisy.

acele etmek *to hurry*	**yardım etmek** *to help*
şikayet etmek *to complain*	

9 Fill in the gaps in the text below using **-li** or **-le** endings. Remember to use the correct type of vowel harmony.

Kardeşim__(a)__ Londra'da tatil yapacağız. Uçak__(b)__ gideceğiz. Kardeşimin Londra__(c)__ bir arkadaşı var. Onun__(d)__ beraber araba__(e)__ İngiltere'yi gezeceğiz. İnşallah hava yağmur__(f)__ olmayacak. Bizim__(g)__ gelmek istiyor musun?

10 Place the words below in the correct order, beginning with **pazartesi**.

pazartesi cuma çarşamba pazar cumartesi salı perşembe

———————— Konuşma 2 ————————

Sarah is waiting at the bus station. Berkant and Cenk arrive. It is 8.20, and she has been waiting since 8 o'clock.

Sarah (*to Berkant*) Selam.
Berkant Selam Sarah.
Cenk Selam. Ne haber?
Sarah İyilik. Neredesiniz? Geç geldiniz.
Berkant Affedersin. Hans'a iyi yolculuklar diledik. Onun için geç geldik.
Sarah Hans gelmeyecek mi?
Cenk Bu akşam çıkmıyor. Erken yatıyor.
Sarah Aa! Neden?
Cenk Yarın Pamukkale'ye gidecek. Erken kalkacak.
Sarah Fark etmez. Yarın biz de erken kalkıyoruz!
Berkant Biliyorum. Ama Hans çok yoruldu.
Sarah Hadi, dolmuş bekliyor.
Cenk Hadi.

neredesiniz? *where have you been?* (literally *where are you?*)	**çıkmak** *to go/come out*
iyi yolculuklar *bon voyage*	**eyvah** *well!/good grief!*
dilemek *to wish*	**bütün** *whole*
onun için *that's why* (literally *for that reason*)	**yürümek** *to walk, run*
	yorulmak *to be tired, to grow tired*

7

YARDIM EDER MİSİNİZ?

In this unit you will learn how to

- make requests
- state intention and willingness
- tell stories and jokes

───────────── Konuşma ─────────────

Hamide Hanım is an elderly lady from Ankara who has been visiting relatives in Trabzon. After her visit, she has taken a stroll around the city centre. It is now time for her to catch her plane back to Ankara. She is lost, so she asks a young man for help.

Hamide Hanım	Pardon. Kusura bakmayın. Lütfen yardım eder misiniz acaba?
Genç erkek	Tabii efendim.
Hamide Hanım	Havalimanına gitmek istiyorum. Oraya giden otobüs var mı?
Genç erkek	Maalesef yok teyze.
Hamide Hanım	Dolmuş var mı acaba?
Genç erkek	Var. Durak Taksim'e yakın.
Hamide Hanım	Peki yavrum, Trabzon'da yabancıyım. Yolu gösterir misiniz acaba?
Genç erkek	Tabii. Şöyle gidin. Bu yolun sonundan sağa dönün. Meydana kadar gidin. Türk Hava Yolları'nın

ofisinden sola sapın. Orası Gazi Paşa Caddesi.
Ondan sonra İstanbul Hava Yolları'nın ofisine
kadar gidin. Oradan sağa sapın. Biraz ileride
durağı göreceksiniz.

Hamide Hanım	Çok mu uzak?
Genç erkek	Bayağı uzak.
Hamide Hanım	Yürüyerek kaç dakika sürer acaba?
Genç erkek	Bilmem. Benim için on dakika.
Hamide Hanım	Peki, tekrar anlatır mısınız?
Genç erkek	Bakın teyze, sizinle gelirim, yolu gösteririm.
Hamide Hanım	Çok teşekkürler yavrum.
Genç erkek	Bir şey değil.
Hamide Hanım	Çantamı taşır mısınız acaba?
Genç erkek	Tabii, taşırım.
Hamide Hanım	Sağ olun yavrum.

kusura bakmayın *excuse me*		**orası** *there, that place*	
yardım eder misiniz? *would you help?*		**Gazi Paşa Caddesi** *Gazi Paşa Street*	
acaba *I wonder*		**İstanbul Hava Yolları** *İstanbul Airlines*	
havalimanı *airport*			
oraya *to there*		**oradan** *from there*	
giden *going*		**ileride** *further on*	
Taksim *a square in Trabzon*		**bayağı** *quite*	
yavrum *dear*		**yürüyerek** *by walking (on foot)*	
yabancı *stranger, foreigner*		**sürmek** *to last, to take*	
göstermek *to show*		**sürer** *it takes*	
gösterir misiniz? *would you show?*		**bilmem** *I don't know*	
şöyle *like this, this way*		**anlatmak** *to explain*	
-e kadar *as far as*		**gelirim** *I'll come*	
Türk Hava Yolları *Turkish Airlines*		**gösteririm** *I'll show*	
sapmak *to turn*		**taşır mısınız?** *would you carry?*	
		taşırım *I'll carry*	

Sorular

Doğru mu, yanlış mı?

1 Hamide Hanım çok soru soruyor.
2 Dolmuş durağı İstanbul Hava Yolları'nın ofisine yakın.
3 Genç erkek iki kere yolu anlatıyor.
4 Hamide Hanım genç erkeğin teyzesi.

(The answers are on page 249.)

Notlar

Yavrum and *teyze*

Like **abi** and **abla**, these forms of address are a common way of show-
ing friendliness to strangers. To use either of these terms, however,
there has to be a recognisable age difference between the speakers.
Keep an ear open for them when you are next in Turkey.

Acaba

This word means *I wonder* or *by any chance*. It makes a request more
polite. Hamide Hanım can't stop saying it!

 ———————— **Dilbilgisi** ————————

1 The -r present tense

There are two present tenses in Turkish. You use them for different
purposes. You have already learned the **-iyor** tense. There is also the
-r present tense. You form it like this:

Action	Example 1	Example 2
Take the stem of the verb.	gel	geç
Add **-r**, **-ir** or **-er**.	gelir	geçer
Add the relevant part of the verb *to be*.	gelir**im**	geçer**im**

Remember: **-ir** follows i-type vowel harmony and **-er** follows e-type
vowel harmony.

Question: How do you know whether to add **-r**, **-ir** or **-er**?
Answer: Verb stems ending in a vowel just take **-r**. For stems ending
in a consonant:

- most with one syllable take **-er**;
- those with one syllable ending in **-r** or **-l** take **-ir**;
- those with more than one syllable take **-ir**.

Here are some examples ending in vowels:

(ben)	**söylerim**
(sen)	**beklersin**
(o)	**taşır**
(biz)	**hatırlarız**
(siz)	**okursunuz**
(onlar)	**isterler**

Here ae some one-syllable examples with **-er**:

(ben)	**geçerim**
(sen)	**tutarsın**
(o)	**eder**
(biz)	**açarız**
(siz)	**çekersiniz**
(onlar)	**koşarlar**

Here are some one-syllable examples with **-ir**:

(ben)	**kalırım**
(sen)	**alırsın**
(o)	**olur**
(biz)	**geliriz**
(siz)	**görürsünüz**
(onlar)	**bilirler**

Here are some multi-syllable examples with **-ir**:

(ben)	**inanırım**
(sen)	**götürürsün**
(o)	**kullanır**
(biz)	**otururuz**
(siz)	**öğrenirsiniz**
(onlar)	**konuşurlar**

You should note that grammar books call this tense the simple present or the aorist tense.

2 Negative forms of the -r present tense

You can spot a negative **-r** present tense by the presence of **-mez** or **-maz**. You make the negative form like this:

Action	Example 1	Example 2
Take the stem of the verb.	gel	gel
Add -me.	gelme	gelme
Add -z (except for the *I* and *we* forms).	gelme	gelmez
Add the relevant part of the verb *to be*.	gelmem	gelmezsin

Here are some examples:

Statement		Question
(ben)	almam	almaz mıyım?
(sen)	bilmezsin	bilmez misin?
(o)	görmez	görmez mi?
(biz)	bulmayız	bulmaz mıyız?
(siz)	okumazsınız	okumaz mısınız?
(onlar)	istemezler	istemezler mi?

You should note how the **ben** and **biz** forms do *not* have a -z when they are statements, but they *do* have one when they are questions.

3 Using the -r present tense

You use the -r present tense in the following cases:

Purpose	Example	Translation
making promises	Sana dondurma alırım.	I'll buy you an ice-cream.
saying you're willing to do something.	Yardım ederim.	I'll help.
saying you intend to do something	Yarın gelirim.	I'll come tomorrow.
requesting someone to do something	Kapıyı açar mısınız?	Would you open the door?
offering something to someone	Çay içer misiniz?	Would you like (to drink) some tea?
set phrases such as **teşekkür ederim**	Tebrik ederim.	Congratulations (I congratulate).
telling stories or jokes	Üç erkek bara girerler ...	Three men go into a pub ...

expressing possibility or hope	Belki gelir.	*Maybe he'll come.*
describing an unchanging fact	Su 0°C altında donar.	*Water freezes below 0°C.*
describing an habitual or repeated action	Sık sık plaja giderim.	*I often go to the beach.*

Here are some examples of the **-r** present used to express uncertainty and hope:

Yapar herhalde.   *She'll probably do it.*

Umarım, gitmezsiniz.   *I hope you won't go.*
     I hope you're not going.

Sanırım, sevmezler.   *I suppose they won't like it.*
     I reckon they don't like it.

Belki yardım ederler.   *Maybe they'll help.*
     Maybe they're helping.

4 -en *adjectives*

Examine the following:

koşan adam   *the running man,*
     the man who's running

İstanbul'a *giden* tren   *the İstanbul train,*
     the train going to İstanbul

Viyana'dan *gelen* tren   *the Vienna train,*
     the train coming from Vienna

masada *oturan* çocuk   *the child sitting at the table,*
     the child who's sitting at the table

***Gülen* kadın kim?**   *Who's the woman who's smiling?*

The italicised Turkish words are adjectives made from verbs. This is how you make them:

Action	Example
Take the stem of the verb. Add **-en**.	gel gelen

Note how **-en** uses e-type vowel harmony.

You can usually translate the **-en** ending into English as *-ing*. For example:

Masada oturan erkek yakışıklı. *The man (who is) sitting at the table is handsome.*
Kızımın konuşan bebeği var. *My daughter's got a talking doll.*

You should note that you can only use **-en** adjectives to describe the subject of a sentence (the one performing the action).

You can use **-en** adjectives without a noun. In this case they act like nouns themselves and they mean *the ...ing one*. For example:

Masada oturan güzeldi. *The one sitting at the table was pretty.*

İlk gelenler Smithler olacak. *The first ones who come will be the Smiths.*

O köşede sigara içenler Türk. *The smokers (literally the smoking ones) in the corner are Turkish.*

Orada bira içenler İngiliz. *Those beer drinkers (literally beer drinking ones) are English.*

Note how you can make the **-en** adjectives plural by adding **-ler**.

Grammar books call an **-en** adjective the subject participle of a verb.

5 -erek

The ending **-erek** is the Turkish equivalent of *by ... -ing*. You add it onto verb stems. Look at the following examples:

Yürüyerek geldim. *I came on foot (literally by walking).*
Telefon ederek haber vereceğim. *I'll inform (them) by telephone (literally by phoning).*
Gazeteye bakarak buldum. *I found it by looking at the newspaper.*

Günde 24 saat çalışarak becerdi. *By working 24 hours a day he managed it.*

-erek can also mean just *-ing*. For example:

Gülerek gitti. *She left smiling.*
Bize bakarak, "Merhaba" dedi. *Looking at us, she said "Hello".*
Bilerek mi yaptınız? *Did you do it knowingly (intentionally)?*

The **-erek** form of the verb **olmak** is special. It means *as*. For example:

Programcı olarak çalışıyorum. *I work as a programmer.*
Turist olarak mı, iş için mi? *As a tourist or on business?*
Arkadaşın olarak konuşuyorum. *I'm talking as your friend.*
İnsan olarak nasıl? *How is she as a person?*
  (What's her personality like?)
Hediye olarak aldım. *I bought (it) as a present.*
Meze olarak ne var? *What is there as a starter?*
  (What kind of starters are there?)
Bu kutuyu masa olarak *I use this box as a table.*
kullanıyorum.

6 Verbs with -e, -den, -ile

Here are some more verbs whose objects need the **-e** ending:

Çiçeklere bastım. *I squashed the flowers.*
Anneme sordum. *I asked my mother.*
Ona yardım ettim. *I helped her.*
Bana haber vermedin. *You didn't tell me.*
Mercedes'e vurdu. *He hit a Mercedes.*

-e basmak *to tread on, squash*	**-e haber vermek** *to inform, tell*
-e sormak *to ask*	**-e vurmak** *to hit*
-e yardım etmek *to help*	

Here are some more verbs whose objects need the **-den** ending:

Yemekten hoşlanıyorum. *I like food, I like eating.*
Örümceklerden korkuyor. *He's afraid of spiders.*
Köprüden geçtik. *We've passed over the bridge.*
Savaştan behsetmeyin! *Don't mention the war!*

-den hoşlanmak *to enjoy*	**-den geçmek** *to pass over*
-den korkmak *to fear, to be afraid of*	**-den bahsetmek** *to mention, to discuss*

Here is a verb whose object needs **ile**:

Bir elektrikçiyle evlenecek. *She's going to marry an electrician.*

ile evlenmek	*to get married to*

7 -dir

In Units 1 and 2 you learned that there was no equivalent of the English word *is*. This is the case in everyday speech. However, when people want to sound very formal, they use the ending **-dir** to mean *is*. You will see **-dir** all around you on official notices, in official documents and in newspaper articles. Here are some examples:

—————— **Alıştırmalar** ——————

The key to these exercises is on page 249.

1 Match the requests in the first column to the most likely place you'll hear them spoken.

(a) Bakar mısınız?   (i)   Derste.
(b) Bir kilo daha verir misiniz?   (ii) Dolu bir otobüste.
(c) Cevapları yazar mısınız?   (iii) Lokantada.
(d) Müsaade eder misiniz?   (iv) Manavda.
(e) Şapkanızı çıkartır mısınız?   (v)   Sinemada.

cevap *answer*	**şapka** *hat*
müsaade eder misiniz? *would you mind? excuse me,* etc.	**çıkartmak** *to take off*
dolu *full, packed*	**manav** *greengrocer*

2 You might see the following signs in Turkey. Make them more formal by filling in the gaps using **-dır**, **-dir**, **-dur** or **dür**.

(a) Bu yol kapalı____.
(b) İçki içmek yasak____.
(c) Boş yer yok____.
(d) Amerikan Ekspres geçerli____.
(e) Garaj çıkışı____.
(f) Tuvaletimiz bozuk____.
(g) Çocuklar için değil____.

geçerli *valid*	**bozuk** *out of order*
çıkış *exit*	**yasak** *forbidden*

3 Match items from the two columns below to make the most meaningful sentences.

(a) Çocuğuma   (i)   yapar mısınız?
(b) Bir sütlü kahve   (ii) tutar mısınız?
(c) Elimi   (iii) kapar mısınız?
(d) Fiyat listesini   (iv) getirir misiniz?
(e) Kapıyı   (v)   eder misiniz?
(f) Şapkanızı   (vi) bakar mısınız?

(g) Yardım   (vii) çıkartır mısınız?
(h) Attan   (viii) iner misiniz?

| **at** _horse_ | **tutmak** _to hold_ |
| **kapı** _door, gate_ | **kapamak** _to close_ |

4   Place these parts of a joke in the correct order. Add capital letters, full stops and speech marks where necessary.

> bütün gece sabaha kadar pratik yaptım
> bir ay doktor onu muayene ederek
> bugün öksürüğünüz çok iyi der
> hasta her ay doktora gider
> hasta şöyle cevap verir
> tabii iyi olur doktor bey

bütün _whole_	**öksürük** _cough_
pratik yapmak _to practise_	**hasta** _ill_ (here _an ill person_)
muayene etmek _to examine_	**cevap vermek** _to answer_

5   Match items from the two columns below to make the most meaningful sentences.

(a) Ağzını kapayarak   (i) cebine koydu.
(b) Aynaya bakarak   (ii) Türkçe pratik yap.
(c) Konuşarak ve okuyarak   (iii) spor yapar.
(d) Parayı sayarak   (iv) makyaj yaptı.
(e) Plajda yatarak   (v) tatilimi geçiririm.
(f) Yüzerek   (vi) ye!

| **ağız** _mouth_ | **saymak** _to count_ |
| **ayna** _mirror_ | **makyaj** _make up_ |

6   Fill in the gaps with the appropriate endings. Alter the word before the gap as necessary.

(a) Anahtar___ tut.
(b) Belki bu müzik___ hoşlanmaz.
(c) Genç bir erkek___ aşık oldum.
(d) Bir polis___ sorsana.
(e) Lütfen, vurma köpek___!
(f) Allah___ inanıyor musunuz?
(g) Çocuk___ bak!
(h) Mektup___ getir.

(i) Otobüs___ inecek.
(j) Karınca___ bastın mı?
(k) Bu müzik___ dinlemek istiyorum.
(l) Bu yemek___ bıktım.
(m) Pencere___ kapar mısınız?
(n) Gemi___ bindik.
(o) Hiçbir şey___ korkmaz.

-e inanmak *to believe in*		**gemi** *boat*	
karınca *ant*		**hiçbir şey** *nothing*	

7 Match the requests to the people making them.

(a) Bir kilo verir misiniz?   (i) Soru soran adam.
(b) Bu mektubu okur musunuz? (ii) Korkan çocuk.
(c) Cevap verir misiniz?   (iii) Kütüphanede
                                    çalışan adam.
(d) Elimi tutar mısınız?   (iv) Geçmek isteyen adam.
(e) Müsaade eder misiniz?   (v) Gözlüğünü kaybeden adam.
(f) Susar mısınız?   (vi) Anlamayan öğrenci.
(g) Tekrar anlatır mısınız? (vii) Alışveriş yapan adam.

8 Complete this table which indicates the purposes for which you can use the present tenses in Turkish. The first one has been done for you.

Purpose	*-iyor* present tense	*-r* present tense
(a) stating intention	✗	✓
(b) describing a habit		
(c) describing something happening now		
(d) describing the past		
(e) expressing possibility or hope		
(f) making promises		
(g) telling stories or jokes		
(h) offering something to someone		
(i) talking about the near future		
(j) describing an unchanging fact		
(k) requesting someone to do something		
(l) stating willingness to do something		

9 Match the descriptions to the professions below.

(a)	Gazetede yazan kişi.	(i)	garson
(b)	Restoranda yemek pişiren kişi.	(ii)	rejisör
(c)	Film yapan kişi.	(iii)	şoför
(d)	Apartmana bakan kişi.	(iv)	kuaför
(e)	Meyve ve sebze satan kişi.	(v)	işçi
(f)	Lokantada servis yapan kişi.	(vi)	aşçı
(g)	Dolmuş süren kişi.	(vii)	kapıcı
(h)	Fabrikada çalışan kişi.	(viii)	gazeteci
(i)	Saç kesen kişi.	(ix)	manav

> **apartman** *block of flats* **sebze** *vegetables*
> **meyve** *fruit*

———————— Konuşma 2 ————————

Hamide Hanım has reached the **dolmuş** stop. She is now sitting in the **dolmuş**, waiting for it to fill up. Time is getting on and she is concerned about missing her flight. There is just one empty seat left.

Hamide Hanım Şoför bey, gidelim mi artık?
Şoför Yok abla, hâlâ dolu değiliz.
Hamide Hanım Acelem var. Havalimanına kaç lira?
Şoför Yetmişbeşbin.
Hamide Hanım Tamam. Ben uçağımı kaçırmak istemiyorum. Ben iki kişi için öderim.
Şoför Peki efendim.

The driver starts the engine and they move off.

Hamide Hanım Şoför bey, pencerenizi kapatır mısınız acaba? Çok soğuk.

The driver winds the window half way up.

Şoför Yeter mi?
Hamide Hanım Yeter. Teşekkürler.
Şoför Bir şey değil.

The driver turns the radio on.

Hamide Hanım Şoför bey!
Şoför Efendim.
Hamide Hanım Radyonun sesini biraz kısar mısınız acaba? Çok yüksek.

The driver turns the radio off.

Şoför (*sarcastically*) Yeter mi?
Hamide Hanım Teşekkürler.
Şoför Rica ederim.

gidelim mi? *shall we go?*	**bir şey değil** *you're welcome*
artık *now*	**kısmak** *to reduce, lower,*
hâlâ *yet*	*turn down*
kaçırmak *to miss*	**yüksek** *high, loud*
ödemek *to pay*	**rica ederim** *you're welcome*
yetmek *to be enough*	**kapatmak** *to close*

8
NEREYE GİDELİM?
NE YAPABİLİRİZ?

In this unit you will learn how to

- make exclamations
- express possibility
- make suggestions
- offer to do something
- compare things

Konuşma

Metin and Defne are sitting at home late one Saturday afternoon.

Metin Çıkalım mı bu akşam?
Defne Hadi, çıkalım. Televizyondan bıktım. Nereye gidelim?
Metin Sinemaya gidebiliriz.
Defne Üf ya. Sinema da televiyon gibi. Başka ne yapabiliriz?
Metin Merkez Tiyatrosu'nda iyi bir oyun var.
Defne Doğru. Ama herhalde bu saatte bilet bulamayız.
Metin Sorabiliriz. Telefon edeyim mi?
Defne Hayır. Başka bir şey yapalım.
Metin Ne gibi?
Defne Bilmem. Çin restoranına gidebiliriz.
Metin Hangisine? Taksim'dekine mi?
Defne Hayır. Bence Bebek'teki Taksim'dekinden daha güzel.
Metin Doğru. Ama Bebek, Taksim'den çok daha uzak.

Defne	Fark etmez.
Metin	Fark eder. Arabayla gidemiyoruz bu akşam. Unuttun mu? Arabayı kardeşime ödünç veriyorum.
Defne	Aa unuttum. O zaman kardeşin bizi oraya götüremez mi?
Metin	Yok canım. O Yeşilköy'e gidecek. Ters yöne gidiyor.
Defne	Tamam. Taksim'dekine gidelim.

çıkalım let's go out	**hangisine?** to which one?
nereye gidelim? where shall we go?	**bence** in my opinion
gidebiliriz we can go	**Bebek'teki** the one in Bebek
üf ya! oh no!	**Bebek'teki Taksim'dekinden daha**
gibi like, similar	**güzel** the one in Bebek's nicer
başka ne yapabiliriz? what else	than the one in Taksim
can we do?	**Bebek, Taksim'den çok daha uzak**
Merkez Tiyatrosu the Central	Bebek's a lot further than Taksim
Theatre	**fark etmek** to matter
oyun play	**gidemiyoruz** we can't go
herhalde certainly	**ödünç vermek** to lend
bulamayız we can't find	**götürmek** to take, transport, carry
sorabiliriz we can ask	**bizi götüremez mi?** can't he take us?
telefon edeyim mi? shall I phone?	**yok canım** come off it!
yapalım let's do	**ters yön** opposite direction
Çin China, Chinese	

Sorular

Doğru mu, yanlış mı?

1 Defne ile Metin evde kalmak istemiyorlar.
2 Metin tiyatroya telefon ediyor.
3 Bir tek Çin restoranı var.
4 Taksim, Bebek'ten daha yakın.

(The answers are on page 249.)

 Notlar

Foreign restaurants

There are few foreign restaurants in Turkey. You will find them in big cities like İstanbul and Ankara, but none in smaller places.

Exclamations

You hear exclamations such as **üf be!** and **yok canım!** all the time.

They are difficult to translate, but when you hear them it is often clear what emotion they express because of the speaker's face and tone of voice! Here are a few more:

Phrase	Feeling expressed	Rough translation
Aman!	being fed up	*Oh no!*
Aa!	surprise	*Well I never!*
Ay!	surprise	*Oh!*
Be!	annoyance	*Right, mate!*
Eyvah!	exasperation	*Good grief!*
Ha!	triumph	*Gotcha! Right then!*
Öf! Üf!	being fed up	*Oh no! Come off it!*
Ya!	disbelief and annoyance	*Come off it!*
Uf!	disgust	*Pooh! Ugh!*

Children's comics are full of such words.

 ——————— **Dilbilgisi** ———————

1 Can *and* can't

-ebil-

You can spot the Turkish equivalent of *can* or *be able* by the inclusion of **-ebil** in a verb form. This ending slots into any tense of a verb just after the stem. To use it, follow these steps:

Action	Example
Take the full form of the verb.	geleceğim
Add **-ebil** after the verb stem.	gel**ebil**eceğim

-ebil uses e-type vowel harmony.

When talking about the present, you usually use the **-r** present tense with **-ebil**. Here are some examples:

Simple present form	*Can* form
giderim	gidebilirim
yaparsın	yapabilirsin
yürür	yürüyebilir
koyarız	koyabiliriz
söylersiniz	söyleyebilirsiniz
verirler	verebilirler

You should note how the *to be* endings are sometimes different in the two columns above.

Question: Why?
Answer: In the first column, the preceding vowel is the last vowel in the stem of the verb. In the second column, the preceding vowel is the **i** in **-ebil** or **-abil**.

Making questions with the *can* form is easy enough:

Statement	Question
gidebilirim	gidebilir miyim?
yapabilirsin	yapabilir misin?
yürüyebilir	yürüyebilir mi?
koyabiliriz	koyabilir miyiz?
söyleyebilirsiniz	söyleyebilir misiniz?
verebilirler	verebilirler mi?

Here are some examples in the future and the past tenses:

Yap*abil*eceğim.	*I'll be able to do (it).*
Gel*ebil*ecek misin?	*Will you be able to come?*
Oynay*abil*di mi?	*Was he / she able to play?*
Yardım ed*ebil*diniz.	*You were able to help.*

-e-

You can spot the Turkish equivalent of *can't* or *not able* by the inclusion of **-e-** after the stem of a verb form. To use this ending, follow these steps:

Action	Example
Take the negative form of the verb. Add **-e-** after the verb stem.	gelmeyecek gelemeyecek

Note that the **-e** follows e-type vowel harmony. Here are some examples in the **-r** present tense:

I don't	I can't
gelmem	gelemem
yapmazsın	yapamazsın
yürümez	yürüyemez
koymayız	koyamayız
söylemezsiniz	söyleyemezsiniz
vermezler	veremezler

Here are some examples in various tenses:

Gidemeyeceğim.	*I won't be able to go.*
Yapamadım.	*I couldn't do it.*
Olamaz!	*It can't be!*
Gelemedik.	*We couldn't come.*

2 Might

-ebil-

To say what might happen, you also use the **-ebil-** ending. For example:

Biraz sonra içebilirim.	*I might have a drink a little later.*
Pazar gele*bil*irim.	*I might come on Sunday.*

Whether the above sentences mean *can* or *might* will be clear from the context.

-meyebil-

The negative form of *might* is different from the negative form of *can*. You make the negative form of *might* by placing **-me** after the verb stem.

Yapabilirim, yap*may*abilirim.	*I might do it and I might not.*
Dikkat. Sev*me*yebilirler.	*Be careful. They might not like it.*

Note the difference between *might not* and *cannot*:

Sinemaya gidemem.	*I can't go to the cinema.*
Sinemaya gitmeyebilirim.	*I might not go to the cinema.*
Sinemaya gidemeyeceğim.	*I won't be able to go to the cinema.*

You can combine *might* and *can*. For example:

Sinemaya gidemeyebilirim.	*I might not be able to go to the cinema.*

3 Comparing things

In order to say *I'm cleverer than you*, in Turkish you say *I'm more clever from you*.

akıllı	*clever*
Akıllıyım.	*I'm clever.*
Sen*den* daha akıllıyım.	*I'm cleverer than you.*

Here are some more examples:

Yeni Zelanda, Türkiye'den daha küçük.	*New Zealand is smaller than Turkey.*
Türkiye, İngiltere'den daha ucuz.	*Turkey is cheaper than England.*

Benden daha güçlüsünüz. *You're stronger than me.*

The Turkish equivalent of *the most* or *the ... -est* is **en**.

Dünyada en güzel yer. *The most beautiful place on earth.*
Türkiye'de en iyi şarkıcı *Pınar is the best singer*
Pınar. *in Turkey.*
Türkiye'nin en büyük şehri *Turkey's biggest city is İstanbul.*
İstanbul.
En büyük Galatasaray! *Galatasaray* (the football team)
are the greatest!

4 *The* let *forms of verbs*

Look at the following examples meaning *let* ...:

gideyim *let me go; here, I'll go*
gidelim *let's go*
gitsin *let him go; he should go*
gitsinler *let them go; they should go*

Add **-eyim** onto the stem of a verb to give the meaning *here, let me* ....
You use it for offering help or making suggestions. For example:

Paltonu alayım. *Let me take your coat.*
Yardım edeyim. *Here, let me help.*
Gideyim mi? *Shall I go?*
Yardım edeyim mi? *Shall I help?*

Add **-elim** onto the stem of a verb to give the meaning *let's*. You use it
for making suggestions. For example:

Gidelim. *Let's go.*
Kalkalım. *Let's get up.* (if you're in someone's
house this means *let's go*)
Yapalım mı? *Shall we do (it)?*
Eve dönelim mi? *Shall we go home?*

Add **-sin** to the verb stem to say what someone else (not the person
you're talking to) should do. Also use it to express a hope that some-
thing will happen.

Turkish	Literal translation	Meaning
Eve git**sin**.	*Let him go home.*	*I'd like him to go home; he should go home.*
Yağmur yağma**sın**.	*Let it not rain.*	*I hope it doesn't rain.*
Üstü kal**sın**.	*Let the change stay.*	*Keep the change.*
Kolay gel**sin**.	*Let it come easily.*	*I hope your work goes well.*
Allah koru**sun**.	*Let God protect.*	*God preserve us, God forbid!*
Afiyet ol**sun**	*Let good health be.*	*Bon appétit.*

The plural form of **-sin** is **-sinler**:

Yarın gelsinler. *Tell them to come tomorrow.*

5 -ki

Take a noun which already has a **-de** ending (for example, **otelde**). You can make an adjective out of it. To do so, add the ending **-ki** (for example, **oteldeki**).

Now look at the following examples:

Turkish	Literal translation	English
oteldeki bar	*the in-the-hotel bar*	*the bar (which is) in the hotel*
köşedeki masa	*the in-the-corner table*	*the table in the corner*
Almanya'daki Türkler	*the in-Germany Turks*	*the Turks in Germany*
masadaki çiçekler	*the on-the-table flowers*	*the flowers on the table*

Note how **-ki** does *not* change because of vowel harmony.

If it is obvious what you're talking about, you can use **-ki** without the noun to mean *the one which is in/at/on*. For example:

oteldeki	*the one (which is) in the hotel*
köşedeki	*the one in the corner*
Almanya'dakiler	*the ones in Germany*
masadakiler	*the ones on the table*

If it is obvious what you're talking about, you can put **-ki** on a possessor to mean *the one which is* mine/his etc. For example:

otelinki	*the one which is the hotel's,* *the hotel's one*
benimki	*(the one which is) mine, my one*
onlarınki	*theirs, their one*
seninkiler	*yours, your ones*
onlarınkiler	*theirs, their ones*

6 -ce

Often, you add **-ce** to a nationality or people to give the related language. For example:

Nationality	Language
Türk	Türkçe
Hint	Hintçe
İspanyol	İspanyolca
Kürt	Kürtçe
Ermeni	Ermenice
Arap	Arapça
Yunan	Yunanca

Hint	Indian	**Ermeni**	Armenian
Kürt	Kurd		

Note how **-ce** follows e-type vowel harmony, and how the **c** becomes **ç** after a voiceless consonant.

Sometimes you add **-ce** to the name of a country to give the related language. For example:

Country	Language
Çin	Çince
İsveç	İsveççe
Hollanda	Hollandaca
Portekiz	Portekizce

You can add **-ce** onto the end of personal pronouns to mean *according to ...*, for example:

bence	*in my opinion*
sizce	*in your opinion*

You can add **-ce** onto adjectives to mean *rather...*, for example:

iyice	*rather good, quite good*
büyükçe	*rather big, quite big*

8 Buffer y, n or s?

You use **s** as a buffer:

- for possessed endings;
- with compound nouns.

You use **n** as a buffer:

- for possessor endings;
- with a word which already has a possessed ending;
- with the personal pronouns **bu**, **şu** and **o**;
- with the **-ki** ending.

Otherwise you use **y** as a buffer.

Here are some examples:

Situation	Example	Meaning
a possessed ending a compound noun	çantası el çantası	*his/her bag* *handbag*
a possessor ending after a posessed ending with **bu**, **şu** and **o** with the **-ki** ending	Ali'nin Çantasını tut. Bunu seviyorum. Seninkini aldım.	*Ali's* *Hold his/her bag.* *I like this.* *I took yours.*
a normal direct object a normal to object	Ali'yi seviyorum. Çarşıya git.	*I like Ali.* *Go to the market.*

Alıştırmalar

The key to these exercises is on page 249.

1 Read the dialogue and then answer the questions below.

Semra Kaç dil konuşabiliyorsun?
Filiz Dört.
Semra Çok iyi. İngilizce konuşabiliyor musun?
Filiz Maalesef konuşamıyorum.
Semra Peki, hangi dilleri biliyorsun?
Filiz Almanca, Ermenice, biraz Fransızca ve Türkçe tabii.
Semra Hepsini iyi konuşabiliyor musun?
Filiz Almancam çok iyi. Ermeniceyi annemden öğrendim. Onunla konuşabiliyorum ama yazamıyorum. Fransızcayı okulda okudum.
Semra Fransızcanın ne kadarını hatırlıyorsun?
Filiz Bayağı hatırlıyorum. Okuyabiliyorum ve yazabiliyorum ama konuşamıyorum.

(a) Filiz İngilizce konuşabiliyor mu?
(b) Filiz annesiyle hangi dili konuşuyor?
(c) Şimdi Filiz Fransızca konuşabiliyor mu?

hepsi	*all of them*	**bayağı**	*quite* (here *quite well*)

2 Match items from the two columns below to form true sentences.

(a) Avustralyalılar   (i) Almanca konuşuyorlar.

(b) Avusturya'da oturan
insanlar   (ii) Arapça konuşuyorlar.

(c) Belçikalılar   (iii) Fransızca konuşuyorlar.

(d) Brezilya'daki insanlar   (iv) İngilizce konuşuyorlar.

(e) Suudi Arabistanlılar   (v) Portekizce konuşuyorlar.

3 Read this brochure extract about different types of accommodation and then answer the questions below.

OSMANLI OTELİ	ÇINAR OTELİ	PANSİYON BERLİN
****	*****	*
218 oda	150 oda	20 oda
2 restoran	İtalyan restoranı	Devamlı sıcak su
Klimalı odalar	Klimalı odalar	Büfe
24 saat oda servisi	Alışveriş merkezi	Denize 100 m
Tenis kortu	Kuaför	Bar
2 açık havuz	Deniz sulu yüzme havuzu	Oyun salonu
Sauna ve sağlık klübü	Türk hamamı	
Toplantı ve konferans salonu	Açık büfe restoranı	
Kuaför ve güzellik salonu	Barlar	
Çarşı	Açık hava diskosu	
Denize sıfır	Denize 30 m	

(a) Çınar Oteli'nde Pansiyon Berlin'den daha çok bar var mı?
(b) Çınar Oteli'ndeki yüzme havuzu nasıl?
(c) Osmanlı Oteli denize Çınar Oteli'nden daha mı yakın?
(d) En çok yıldızlı otel hangisi?
(e) En küçük yer hangisi?
(f) En ucuz hangi yer?
(g) En çok hangi otelde oda var?
(h) Hangi otelin hamamı var?
(i) Hangi otellerde içki içebilirsiniz?
(j) Hangi otellerde yüzebilirsiniz?
(k) Nerede alışveriş yapabilirsiniz?

(*l*)   Nerede dans edebilirsiniz?
(*m*) Nerenin saunası var?
(*n*)   Osmanlı Oteli'nde hangi sporları yapabilirsiniz?
(*o*)   Sizce hangisi en iyi?

açık havuz *open-air pool*	**yüzme havuzu** *swimming pool*
sağlık *health*	**hamam** *Turkish bath*
güzellik *beauty*	**devamlı** *constant, continuous*
çarşı *shopping centre, market*	**oyun salonu** *games room*
klima *air-conditioning*	**yıldız** *star*

4   In the first column below is a list of offers. In the second column is a description of people in need of help. Match the offers to those who need them.

(*a*) Mektubu okuyayım mı?   (i)   Bebeği taşıyan anne.
(*b*) İteyim.   (ii)   Kör olan kişi.
(*c*) Sana kahve yapayım.   (iii) Bozuk arabada oturan kişi.
(*d*) Benim kalemimi vereyim.   (iv)   İşten eve gelen eşiniz.
(*e*) Çocuğu ben tutayım mı?   (v)   Terleyen adam.
(*f*) Pencereyi açayım.   (vi)   Yazmak isteyen adam.

terlemek   *to sweat, to be too hot*

5   These three signs are all on show in the same car park! Play safe and assume all three sets of restrictions apply. Referring to them, answer the questions below.

hariç	*except*		kamyon	*lorry*

(a) Pazar gecesi saat onbirde arabamı park edebilir miyim?
(b) Cumartesi sabahı motosikletimi park edebilir miyim?
(c) Pazartesi öğlen kamyonumu park edemez miyim?
(d) Cuma günü öğleden sonra arabamı park edebilir miyim?

6 In the first column below is a list of complaints which might be made by the person you are with. Match each one with one the suggestion you would make in reply.

(a) Ayaklarım ağrıyor.   (i) Bir yere çıkalım mı?
(b) Geç kaldık.   (ii) Birahaneye girelim.
(c) Susadım.   (iii) Eve dönelim.
(d) Sıkıldım.   (iv) Daha hızlı yürüyelim.
(e) Yatmak istiyorum.   (v) Biraz oturalım.

ağrımak	*to hurt*	sıkılmak	*to get bored, fed up*
susamak	*to get thirsty, to be thirsty*	birahane	*'beer house'*
		hızlı	*quick, quickly*

7 Doğru mu, yanlış mı?

(a) Antalya, Londra'dan daha sıcak.
(b) Türkiye'de bir fincan çay bir bardak çaydan daha küçük.

(c) Otobüs dolmuştan daha ucuz.

(d) Gümüş en pahalı metal.

(e) Japonya, Nijerya'dan daha zengin.

(f) Monako dünyanın en küçük ülkesi.

(g) Türkiye'de en yüksek dağ Uludağ.

(h) Şarap, rakıdan daha kuvvetli.

(i) Biftek köfteden daha pahalı.

(j) İstanbul dünyanın en büyük şehri.

fincan	*cup, mug*	**yüksek**	*high*
bardak	*glass*	**kuvvetli**	*powerful, strong*
gümüş	*silver*	**şehri**	*city* (**şehir** + i = **şehri**)
dağ	*mountain*	**dünya**	*world*
biftek	*steak*		

8 Study this telephone dialogue between a harrassed secretary and her grumpy boss in the office next door. Fill in the gaps using each of the words listed below.

arasın beklesinler getireyim gidemem gitsin
gitsinler olmasın

Sekreter Bay Taşkın sizi arıyor.
Şef İşim var. Öğleden sonra tekrar ___(a)___.
Sekreter Peki. Bay ve Bayan Özer geldi.
Şef ___(b)___!
Sekreter Beklemeyecekler galiba.
Şef O zaman ___(c)___.
Sekreter Peki. Saat onikide Taksim'de toplantınız var.
Şef Ben ___(d)___. Yerime Ahmet ___(e)___.
Sekreter Çay ___(f)___ mi?
Şef Getir. Soğuk ___(g)___.

9 Penny has been planning a two-week tour of Turkey. She has marked all the places she wants to see on the map overleaf. She does not know whether she will have time for all of them, so she has placed a question mark next to those which she might skip. Referring to her plan, say whether the statements below are true or false.

Doğru mu, yanlış mı?

(a) Penny kesinlikle İstanbul'u görecek.

(b) Konya'ya gitmeyebilir.

WHERE SHALL WE GO? WHAT CAN WE DO?

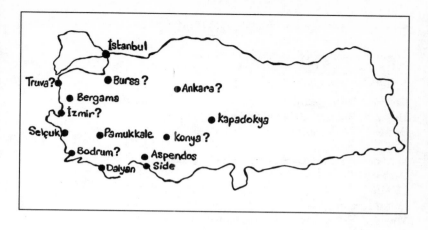

(c) Bergama'yı görmeyebilir.
(d) İzmir'de kesinlikle durmayacak.
(e) Selçuk'u görebilir.
(f) Belki Bursa'da durur.
(g) Bodrum'da durmayabilir.
(h) Penny tarihi yerleri hiç görmeyebilir.

kesinlikle *definitely*	hiç *any, at all*
tarihi *historical*	

10 Try guessing the meaning of these places and nationalities.

(a) Amerika Birleşik Devletleri (ABD)   Amerikalı
(b) Asya   Asyalı
(c) Bosna   Boşnak
(d) Bulgaristan   Bulgar
(e) Çin   Çinli
(f) Galler   Galli
(g) Güney Afrika   Güney Afrikalı
(h) Hindistan   Hintli
(i) Kıbrıs   Kıbrıslı
(j) Yeni Zelanda   Yeni Zelandalı

Konuşma 2

Defne and Metin have made it to the Chinese restaurant. They have just been shown to a table.

Defne Ne yiyelim?
Metin Bilmem. Fiyat listesini isteyelim önce.
Defne İçki içelim mi? Bu akşam içebiliriz çünkü arabayla gelmedik.
Metin İyi fikir. Eve taksiyle gidebilir miyiz?
Defne Tabii.
Metin İçelim o zaman. Bir küçük şişe rakı isteyeyim mi?
Defne Çin yemekleriyle rakı gider mi?
Metin Rakıyı her çeşit yemekle içebilirsin.
Defne Çin yemekleriyle de mi?
Metin Sanırım tabii.
Defne Hadi, iste bakalım.

istemek *to want (here to ask for)*	**her çeşit yemek** *every type of food*
Çin yemekleriyle rakı gider mi?	**sanırım tabii** *I reckon so*
Does rakı go with Chinese food?	**iste bakalım** *go on, ask for it*

9
NELER YAPMAYI SEVİYORSUNUZ?

In this unit you will learn how to

- express obligation
- talk about likes and dislikes
- give advice

Konuşma

Yasemin is a Turkish pop singer. She is being interviewed on a talk show.

Sunucu   Yasemin, hepimiz şarkılarınızı tanıyoruz ama sizi kişi olarak tanımıyoruz. Boş zamanlarınızda neler yapıyorsunuz, neler yapmayı seviyorsunuz?

Yasemin   Çok basit şeyler. Benim Boğaz'da bir dairem var. Oralarda, deniz kenarında yürümeyi severim, sinemaya gitmeyi severim, arkadaşlarla beraber olmaktan hoşlanıyorum... bu kadar.

Sunucu   Sporu seviyor musunuz?

Yasemin   Pek sevmiyorum. Biraz yani. Tenis seyretmeyi seviyorum ama oynayamıyorum.

Sunucu   Futbol seyrediyor musunuz?

Yasemin   Hayır! Kesinlikle hayır. Futbol seyretmekten nefret ediyorum – futbol sevenlerden özür dilerim ama hiç sevmiyorum.

Sunucu   Peki, biraz da işinizden bahsedelim mi? Müzik yapmak kolay mı sizin için?

Yasemin	Kolay değil – tam tersi. Çok çalışıyorum. Benim her şarkım, her konserim kusursuz olmalı. Bunun için çok çok çalışmam gerekiyor.
Sunucu	Şarkılarınızı nerede yazıyorsunuz? Boğaz'daki evinizde mi?
Yasemin	Yok. Evde yazamıyorum. İstanbul'dayken yazmaya çalışmıyorum. Düşünmek için sessiz bir yerde olmam lazım. Yalnız olmam gerek. Akdeniz'de özel ve sakin bir yerim var. Şarkılarımı yazmaya oraya gidiyorum.

basit *simple*	**daire** *flat, apartment*
sunucu *compère, host*	**olmalı** *must be*
hepimiz *all of us*	**bunun için** *because of this*
oralarda *around there, thereabouts*	**gerekmek** *to be necessary*
kenar *edge, shore*	**çalışmam gerekiyor** *I must work*
bu kadar *that's it, that's all*	(literally *my working is necessary*)
pek *very, a lot*	**-ken** *whilst being*
pek sevmiyorum *I don't like it*	**İstanbul'dayken** *when in Istanbul*
very much	**(-e) çalışmak** *to work at, to try to*
yani *well, I mean*	**düşünmek** *to think*
futbol seven *football lover*	**lazım** *necessary*
(-den) özür dilemek *to ask*	**sessiz** *quiet*
forgiveness from	**olmam lazım** *I must be*
(-den) bahsetmek *to discuss,*	**gerek** *necessity*
to mention	**olmam gerek** *I must be*
kusursuz *faultless, perfect*	**yazmaya** *in order to write*

Sorular

Doğru mu, yanlış mı?

1 Yasemin tenisten nefret ediyor.
2 Yasemin müzik yapmak için çok çalışıyor.
3 Yasemin şarkıları İstanbul'da yazamıyor.
4 Yasemin'in iki evi var.

(The answers are on page 250.)

✳ Notlar

Neler

In his first question, the host uses **neler** rather than **ne**, because he is expecting more than one item as the answer.

Çok çok

Yasemin repeats the word **çok** in order to stress it. Repeating words in this way is very common in Turkish (see the explanation of how you make adverbs on page 212).

Lazım

You pronounce the word **lazım** as if it was spelled **laazım**. This was originally an Arabic word, and the **a** in it is longer and 'softer' than a normal Turkish one. It used to be spelled **lâzım** to show that the **a** was different, but modern spelling does not use the circumflex accent (the 'hat'). One or two other Arabic words are, however, still spelled with a circumflex. You may have noticed **hâlâ** in the dialogue on page 118 – it is still spelled with the hats to distinguish it from another Turkish word, **hala** (which means *aunt on your father's side*).

Turkish television

Turkish television is full of celebrity interviews. Watching any Turkish TV show will do wonders for your Turkish, no matter how much of a beginner you are. If you do not live in Turkey and have no access to Turkish satellite channels, ask Turkish friends to make video recordings of favourite shows. Leaving the TV on in the background is recommended – stress, rhythm and the odd word will rub off on you even when you are not paying attention.

 ——————— **Dilbilgisi** ———————

1 Using infinitives as nouns

You can use the infinitive forms of verbs as if they were nouns. Sometimes you use the 'full' infinitive form of the verb for this purpose, and sometimes you use a shortened form of it.

'Full' infinitive

You use the full infinitive form with adjectives, for example:

Türkçe öğrenmek kolay.	*Learning Turkish is easy.*
Girmek yasak.	*Entry (entering) is forbidden.*

You also use the full infinitive form with **istiyorum** and **için**, for example:

Oynamak için geldim.	*I came in order to play.*
	(literally *for playing*)
Konuşmak istiyorum.	*I want to talk.*
Konuşmamak istiyorum.	*I want to keep silent.*
	(literally *I want not to talk*)

'Short' infinitive

If you knock the **k** off the end of the infinitive, you have a 'short' infinitive. Most of the time, when you use verbs as nouns you use this short form.

Here are some nouns which are short infinitives:

Verb		Noun	
konuşmak	*to talk*	**konuşma**	*conversation*
anlaşmak	*to agree*	**anlaşma**	*agreement*
dolmak	*to be full, stuffed*	**dolma**	*stuffed item of food*
dondurmak	*to freeze something*	**dondurma**	*ice-cream*

Here are some examples where you use short infinitives as the first half of a compound noun:

yüzme havuzu	*swimming pool*
oturma odası	*sitting room*
içme suyu	*drinking water*
boyama kitabı	*painting book*

Stress

Do not confuse the short infinitive with negative commands. **İçme suyu** can either mean *drinking water* or *don't drink the water!* In speech, you can tell the difference through the context and the stress (in capitals below). For example:

iç-ME suyu	*drinking water*
İÇ-me suyu!	*Don't drink the water!*

ko-nuş-MA	conversation
Ko-NUŞ-ma!	Don't talk!

Remember that in negative forms of verbs, you stress the syllable in front of the **-me** ending.

2 Adding endings to infinitives as nouns

When you use infinitives as nouns, they act like any other nouns. Just like other nouns, you can give them various endings.

-den

When you need to add **-den** onto the infinitive form of a verb, you use the *full* infinitive. For example:

Uçmak*tan* korkuyorum.	I'm afraid of flying.
Pişirmek*ten* bıktım.	I'm fed up of cooking.

-i, -e

When you need to add **-i** or **-e** endings onto the infinitive form of a verb, you use the *short* infinitive. For example:

Pişirmeyi bıraktı.	*He stopped cooking.*
Bulaşık yıkamayı	*I'm planning to do the*
planlıyorum.	*washing up.*
Bulaşık yıkamamayı	*I'm planning not to do the*
planlıyorum.	*washing up.*
Koşmaya başladı.	*He began to run.*
Bulaşık yıkamaya yardım et!	*Help to do the washing up!*

Possessed endings

With the possessed endings you use the *short* infinitive form. For example:

Turkish	Literal translation	English
Benim Türk olmam iyi.	*My being Turkish is good.*	*It's good that I'm Turkish.*
Senin bu kadar içmen iyi değil.	*Your drinking this much is not good.*	*It's not good that you drink this much.*
Ali'nin burada oturması problem.	*Ali's living here is a problem.*	*Ali's living here is a problem.*
Bizim buraya gelmemiz çok önemli.	*Our coming here is very important.*	*It's important that we come here.*
Onların gitmesi gerek.	*Their going is a necessity.*	*They must go.*

If you use the personal pronouns (**benim**, **senin**, etc.), it makes the meaning clearer. However, most of the time you can leave them out.

Possessed endings and *-i*, *-e* or *-den* both together

Ali'nin burada oturmasına kızıyorum.	*I'm angry about Ali living here.*
Buraya gelmemizi bekliyorlar.	*They're waiting for us to come here.*
Araba sürmenizden nefret ediyorum.	*I hate your driving.*
Onların gitmesinden korkuyorsunuz.	*You're afraid they're going / they'll go / they've gone.*

Here are some examples in the negative:

Gitmemenizi istediler.	*They did not want you to go.*
Onların gitmemesinden korkuyorsunuz.	*You're afraid they're not going.*

3 Expressing obligation using lazım, gerek, şart and mecbur

Look at these nouns:

şart	*a condition, an absolute necessity, a must*
gerek	*a necessity, a need*

Now look at these adjectives:

mecbur	*forced, compelled*
gerekli	*necessary, needed*
lazım	*necessary, needed*

You can use any of the above words together with the short infinitive to say what you need to do, what you should do, or what you are forced to do. For example:

Saat sekizde işte olmam lazım.	*I need to be at work at eight o'clock.*
Saat sekizde işte olman gerek.	*You need to be at work at eight o'clock.*
Saat sekizde işte olması gereklidir.	*She needs to be at work at eight o'clock.*
Saat sekizde işte olmamız şart.	*We've simply got to be at work at eight o'clock.*

Şart and **mecbur** are the strongest expressions. For example:

– **Gelmeniz lazım.**	– *You must come.*
– **Şart mı?**	– *Is it absolutely necessary?*
– **Mecbur.**	– *Yes it is.*

There is also a verb **gerekmek**, which is handy for talking about what will need doing in the future or what needed doing in the past. For example:

Onların her gün işte olması gerekir.	*They need to be at work every day.*
Onların işte olması gerekiyor.	*They should be at work now.*
Onların işte olması gerekecek.	*They'll have to be at work.*
Dün onların işte olması gerekti.	*They had to be at work yesterday.*

4 Expressing obligation using -meli

You can spot the Turkish equivalent of *must*, *should* or *ought to* by the inclusion of **-meli** in a verb form.

To use these forms, follow these steps:

Action	Positive example	Negative example
Take the stem of the verb.	git	git
Add **-me** if the verb is to be negative.	git	git**me**
Add **-meli** after the verb stem.	git**meli**	gitme**meli**
Add the relevant part of the verb *to be*.	gitmeli**yim**	gitmemeli**yim**

Here are some examples:

Okula git*meli*sin.	*You must go to school.*
Girme*meli*ler.	*They mustn't enter.*
İşimizi yap*malı*yız.	*We must do our work.*
Koşma*malı*sınız.	*You mustn't run.*

Note how **-meli** follows e-type vowel harmony.

You often use the **-meli** form to offer advice or make strong suggestions:

Doktora gitmelisiniz.	*You must see a doctor.*
Sigara içmeyi bırakmalısın.	*You must stop smoking.*

5 Olmak

The verb **olmak**, as well as meaning *to be* or *to become*, occurs in a number of common phrases where it has particular meanings. For example:

oldu	*that's agreed, that's fine, that's settled*
oldu bir kere	*it's over and done with*
ne oluyor?	*what's happening?*
ne oldu?	*what's happened?*
olur mu?	*is that all right?*
olur	*it's possible, OK, all right*
olmaz	*it's not all right*

olabilir   *it's possible, maybe*
olamaz   *it's not possible*
olsun   *let it be, leave it alone, forget it*

6 -lik

Turkish uses the ending **-lik** to make nouns out of other parts of speech (adjectives, adverbs or nouns).

It is sometimes similar to the English ending *-ness*, which means *being*. For example:

mutlu	*happy*	**mutluluk**	*happiness (being happy)*
hasta	*ill*	**hastalık**	*illness*
sağ	*well, alive*	**sağlık**	*health, healthiness*
yalnız	*lonely*	**yalnızlık**	*loneliness*
asker	*soldier*	**askerlik**	*national service (being a soldier)*

It is also used for objects and places. For example:

kim	*who*	**kimlik**	*identity card*
bakan	*minister*	**bakanlık**	*ministry*
ön	*front*	**önlük**	*bib, apron*
yağmur	*rain*	**yağmurluk**	*raincoat*
yaz	*summer*	**yazlık**	*summer house*

Turkish also uses **-lik** to make adjectives. Here it has a meaning similar to *for*. For example:

iki kişi	*two people*	**iki kişilik**	*for two people*
yaz	*summer*	**yazlık**	*summer, for the summer*
gün	*day*	**günlük**	*daily*
hafta	*week*	**haftalık**	*weekly*

 ## Alıştırmalar

The key to these exercises is on page 250.

1 In the first column below is a list of complaints. Match each complaint with suitable advice from the second column.

(a) Başım ağrıyor.	(i) Yıkamalısın.
(b) Arabam çok pis.	(ii) Çok yememelisin.
(c) Onun saçları çok uzun.	(iii) Pul almalı.
(d) Bu mektubu postalamak	(iv) Berbere gitmeli.
istiyor.	(v) Aspirin içmelisiniz.
(e) Şişmanlıyorum.	(vi) Acele etmeliyiz.
(f) Öksürüyorum.	(vii) Daha dikkatli olmalısın.
(g) Geç kaldık.	(viii) Sigara içmemelisin.
(h) Arabası bozuk.	(ix) Dolmuşa binmeli.
(i) Köprü kapalı.	(x) Vapurla geçmeliyiz.
(j) Cüzdanımı kaybettim.	

baş *head*		**berber** *barber*	
pis *dirty*		**acele etmek** *to hurry*	
postalamak *to post*		**dikkatli** *careful*	
şişmanlamak *to get fat*		**içmek** *to drink, to take medicine*	
öksürmek *to cough*		**vapur** *ferry*	
yıkamak *to wash*			

2 Fill in the gaps using **-mek**, **-meyi**, **meye** or **-mekten**.

(a) Otobüsten in____ istiyorum.
(b) Fransa'ya git____ planlıyor musun?
(c) Türk restoranında ye____ seviyorum.
(d) Kayak yap____ hoşlanıyor.
(e) Onu gör____ kaçınmak istiyorum.
(f) Onu görme____ çalışıyorum.
(g) Araba sür____ öğreniyor.
(h) Gül____ başladı.
(i) Sigara iç____ bırakmalı.
(j) Yardım et____ bıktım.

kayak yapmak *to ski*	**(-den) kaçınmak** *to avoid ...ing*

3 Tayfun works in a bank. Say whether the following statements refer to his weekends (**hafta sonu**) or his weekdays (**çalışma günleri**).

(a) Blucin giymemeli.
(b) Geç kalkmamalı.
(c) Takım elbise giymesi gerekli değil.
(d) Kravat takması gerek.
(e) Çalışması lazım değil.
(f) Kravat takması gerekmez.
(g) Traş olması şart değil.
(h) Erken kalkması gerekmez.
(i) Çok çalışması lazım.
(j) Takım elbise giymeli.

blucin *blue jeans*	**kravat** *tie*
takım elbise *suit*	**traş olmak** *to shave*

4 Translate the following sentences into Turkish using either **-meli** or **gerekmek**.

(a) *I don't have to go.*
(b) *I mustn't go.*
(c) *He doesn't need to watch.*
(d) *We mustn't stop.*
(e) *You don't have to ask, Sir.*
(f) *They needn't pay.*

5 The following jumbled dialogue is set in a post office. Rearrange the sentences in the order which makes the most sense.

(*a*) – Buyurun. Başka bir şey?
(*b*) – Bakın şuradaki kutuya. "Yurt dışı".
(*c*) – Fransa'ya altı pul lütfen.
(*d*) – Evet, lütfen.
(*e*) – Mektupları hangi kutuya atacağım?
(*f*) – Rica ederim.
(*g*) – Teşekkür ederim.
(*h*) – Uçakla mı?

6 Below are the questions and answers from a magazine interview with a famous theatre actor. Match the questions and answers.

(*a*) Sizi en çok ne kızdırır.

(i) 9-10 yaşlarımda, Marilyn Monroe'ya.

(*b*) Son olarak hangi kitabı okudunuz?

(ii) Dostum çok ama kaçı gerçek bilmiyorum.

(*c*) En sevdiğiniz lokanta hangisi?

(iii) Tüm yerli, yabancı dizileri beğeniyorum.

(*d*) Kaç gerçek dostunuz var?

(iv) Mesleğimle ilgili çalışmalar.

(*e*) İlk önce kimi düşünüyorsunuz?

(v) Önce kendimi, sonra eşimi.

(*f*) Sizce en büyük mutluluk nedir?

(vi) Yalan ve riya.

(g) En çok hangi işi yapmayı (vii) Ali'nin Yeri, Bodrum'da.
   seviyorsunuz?
(h) En çok sevdiğiniz (viii) Torunum Orhan'ı.
   TV programı?
(i) İlk ne zaman ve kime (ix) Şato – Franz Kafka.
   aşık oldunuz?
(j) En son kimi öptünüz? (x) Sağlık, sağlık ve sağlık.

kızdırmak *to annoy*	**yerli** *local, domestic*
en sevdiğiniz *your favourite*	*(i.e. not foreign)*
gerçek *real, true*	**dizi** *series*
dost *friend*	**-le ilgili** *connected with,*
ilk önce *first of all, above all else*	*to do with*
9-10 yaşlarımda *when I was*	**yalan** *lie*
around 9 or 10	**riya** *hypocrisy, two-facedness*
tüm *all, every*	

7 Below are jumbled pieces of advice for Western tourists in
Turkey. Some suggest how to cope with the heat. Others explain
how to behave when visiting a mosque. Decide whether each
sentence is related to the heat or to mosques.

(a) Açık renkli, pamuklu giysiler giymeli.
(b) Ayakkabıları çıkartmalı.
(c) Bebeklere sık sık su vermeli.
(d) Fazla alkollü içki almamalı.
(e) Güneşten koruyucu krem kullanmalı.
(f) Gürültü yapmamalı.
(g) Kadınlar saçlarını örtmeli.
(h) Öğle saatlerinde gölgede kalmalı.
(i) Şapka giymeli.
(j) Şortla girmemeli.

açık *light-coloured, open*	**gürültü** *noise*
pamuk *cotton*	**örtmek** *to cover*
giysiler *clothes*	**gölge** *shadow*
koruyucu *protective*	**ayakkabı** *shoe*
şort *shorts*	**sık sık** *often*

8 Match the Turkish words in the left-hand column below with
their correct meanings on the right.

(a)	askerlik	(i)	*union*
(b)	başlık	(ii)	*for hire*
(c)	birlik	(iii)	*beauty*
(d)	gözlük	(iv)	*potty, chamber pot*
(e)	güzellik	(v)	*for now*
(f)	iyilik	(vi)	*annual*
(g)	kiralık	(vii)	*military service*
(h)	lazımlık	(viii)	*headline*
(i)	şimdilik	(ix)	*goodness*
(j)	yıllık	(x)	*glasses, spectacles*

asker	*soldier*	**kira**	*rent*
baş	*head*	**yıl**	*year*
göz	*eye*		

9 Which of the alternatives listed below are appropriate for the given situation? One or more may be suitable.

(a) You want to tell someone you understand what they are telling you.
   (i) Oldu.
   (ii) Olur.
   (iii) Olsun.

(b) You want to agree to a request.
   (i) Oldu.
   (ii) Olur.
   (iii) Olsun.

(c) You want to say *let's not worry about it*.
   (i) Oldu.
   (ii) Oldu bir kere.
   (iii) Olsun.

(d) You want to say you're not sure about something.
   (i) Olmaz.
   (ii) Olamaz.
   (iii) Olabilir.

(e) You want to disagree.
   (i) Olmaz.
   (ii) Olamaz.
   (iii) Oldu bir kere.

(f) You want to ask for someone's agreement.
   (i) Olur mu?

(ii) Oldu mu?
(iii) Ne oldu?

(g) You want to show you're surprised.
(i) Olur mu?
(ii) Olamaz.
(iii) Ne oldu?

10 Match items from the two columns below to make compound nouns.

(a)	bekleme	(i)	diş
(b)	çekme	(ii)	kalem
(c)	dolma	(iii)	yatak
(d)	gitme	(iv)	haftası
(e)	okuma	(v)	salonu
(f)	takma	(vi)	zamanı

çekmek	*to pull*	**diş**	*tooth*

Konuşma 2

The interview with Yasemin continues.

Sunucu   Gelecek ay Türkiye turuna çıkacaksınız öyle mi?
Yasemin Evet. Önce İzmir'e gidiyoruz. Ondan sonra, Marmaris, Alanya ve Antalya'ya.
Sunucu   İstanbul'da da konser verecek misiniz?
Yasemin Evet. Açık hava tiyatrosunda.
Sunucu   Öbür konserler nerede olacak?
Yasemin Hepsi açık havada. Ah! Unuttum – en büyük konserimizi Aspendos'ta vermeyi planlıyoruz. Çok güzel olacak.
Sunucu   Avrupa turuna çıkmayı düşünüyor musunuz?
Yasemin Şimdilik düşünmüyorum. Yeni yılda olabilir. Almanya, Avusturya gibi ülkelere gidebilirim. Henüz bilmiyorum.
Sunucu   Yasemin, size başarılar diliyoruz.
Yasemin Çok çok teşekkürler.
Sunucu   Biz de çok teşekkür ediyoruz.

tur *tour*	**unutmak** *to forget*
öyle *like that*	**planlamak** *to plan, organise*
öyle mi? *isn't that so?*	**düşünmek** *to think*
ondan sonra *after that*	**ülke** *country*
açık hava *open air*	**başarı** *success*
öbür *the other*	

10
EĞER GEÇMEZSE, İLAÇ VERİRİM

In this unit you will learn how to

- say what will happen if something else happens
- say what you need
- give advice
- say how long something has been going on

Konuşma

Sibel Hanım is at the chemist's.

Eczacı	Günaydın efendim. Ne arzu edersiniz?
Sibel Hanım	Günaydın. Birkaç şey istiyorum. Dün eşim güneşte çok fazla kaldı. Yandı. Sırtı kıpkırmızı oldu. Başı da ağrıyor. Ne tavsiye edersiniz?
Eczacı	Evet. Baş ağrısı için ilaç içti mi?
Sibel Hanım	Hiçbir şey içmedi.
Eczacı	Başı için aspirin vereceğim size. İki tane içsin. Eğer gerekirse, günde dört kere alabilir. Sırtı için bir merhem veriyorum. Eşinizin sırtına iki saatte bir sürün. Bugün güneşe hiç çıkmamalı. Evde dinlensin. İnşallah yarın kendisini daha iyi hisseder. İyi hissetmezse, doktora gitsin. Tamam mı?
Sibel Hanım	Anladım.
Eczacı	Başka ihtiyacınız var mı?

Sibel Hanım	Oğlumun da bir ilaca ihtiyacı var. İshal için.
Eczacı	Kaç yaşında?
Sibel Hanım	Onüç yaşında.
Eczacı	Ne zamandan beri ishali var?
Sibel Hanım	Dün geceden beri.
Eczacı	Çok mu fena?
Sibel Hanım	Çok fena değil, ama rahatsız.
Eczacı	O zaman ilaç vermeyin şimdi. Yarına kadar bekleyin. Akşama kadar hiçbir şey yemesin. Eğer yarın geçmezse, yine gelin ilaç veririm. Geçer inşallah.
Sibel Hanım	İnşallah.

Sorular

1 Sibel'in eşi niçin yandı?
2 Eczacı, Sibel'in eşi için ne veriyor?
3 Sibel'in oğlunun nesi var?
4 Eczacı, Sibel'in oğlu icin ne veriyor?

(The answers are on page 250.)

eczacı *chemist*		**merhem** *lotion, ointment*	
arzu etmek *to want, wish, desire*		**sürmek** *to rub, spread*	
birkaç *a few*		**dinlensin** *he should relax*	
fazla *too, too much*		**inşallah** *God willing, hopefully*	
yanmak *to burn*		**hissetmek (+ kendi)** *to feel (oneself)*	
sırt *back*			
kıpkırmızı *crimson*		**hissetmezse** *if he doesn't feel*	
baş *head*		**ihtiyaç** *need*	
tavsiye etmek *to suggest, recommend*		**-e ihtiyacı var** *he needs ...*	
		ishal *diarrhoea*	
ağrı *ache, pain* (noun)		**kaç yaşında** *how old?*	
ilaç *medicine*		**-den beri** *since*	
adet *unit, piece* (here *tablet*)		**ne zamandan beri** *since when*	
eğer *if*		**rahatsız** *uncomfortable*	
gerekirse *if it's necessary*		**geçmezse** *if it isn't better* (literally *if it doesn't pass*)	
dört kere *four times*			

 Notlar

At the chemist's

There is a chemist's on almost every corner in Turkey. For small ailments they are the first port of call for advice. Many people visit them rather than a doctor, as most medicine is sold without a prescription.

Loan words

Note how **onun ishali** has the letter **i** as the possessed ending, where you might expect **ı**. This is an exception to the rule. **İshal** is a word which Turkish has adopted from Arabic. You may see it spelled **ishâl**. When you see an **a** with a circumflex accent on top, it tells you it is longer and softer than a normal Turkish **a**. With loan words like **ishal**, vowel harmony follows the *pronunciation* rather than the spelling. The words **saat** and **meşgul** act in this way. Thus, *hours* is **saatler** rather than **saatlar** and *I'm busy* is **meşgulüm** rather than **meşgulum**.

İnşallah

Like **inşallah**, there are many phrases in Turkish which contain **allah**. Here are some more:

Allah Allah	Good God! Oh my God!
Allah aşkına	for God's sake, for heaven's sake
Allah bilir	God knows
Allah korusun	may God protect (a common sign in minibuses and taxis)
Allahtan	luckily, fortunately
Allaha şükür	thank God
Allaha ısmarladık (pronounced **allasmarladık**)	goodbye (use it only when leaving someone else's house)
Maşallah!	What a lovely child! (a liberal translation; you use this expression to admire children)

 ———————— **Dilbilgisi** ————————

1 Present tense if forms

If forms of to be

You can spot the idea of *if* in Turkish in personal endings containing **-se-**. Here are the present tense *if* forms of the verb *to be*:

Normal form		If form	
iyiy**im**	I'm fine	iyiy**sem**	if I'm well
hafif**sin**	you're light	hafif**sen**	if you're light
Türk	she's Turkish	Türk**se**	if she's Turkish
iyiy**iz**	we're fine	iyiy**sek**	if we're fine
hafif**siniz**	you're light	hafif**seniz**	if you're light
Türk**ler**	they're Turkish	Türk**seler** or Türk**lerse**	if they're Turkish

You should note the need for a buffer **-y-** after a word ending in a vowel – **iyiysem, iyiysek**.

These endings follow e-type vowel harmony, so you will also see **-sam**, **-san**, **-sa**, **-sak**, **sanız** and **-salar**.

If forms of other verbs

The *if* forms of the verb *to be* can act as the *if* form of personal endings on verbs. So to make the *if* form of the **-r** present tense, you follow these steps:

Action	Example
Take the **-r** present form of the verb.	yaparsınız
Remove the personal ending.	yapar
Add the *if* form of the verb *to be*.	yapar**sanız**

Here are some more examples:

Simple present form		*If* form	
geliri**m**	*I come*	gelir**sem**	*if I come*
yapar**sın**	*you do*	yapar**san**	*if you do*
ister	*she wants*	ister**se**	*if she wants*
oturur**uz**	*we sit*	oturur**sak**	*if we sit*
görür**sünüz**	*you see*	görür**seniz**	*if you see*
açar**lar**	*they open*	açar**larsa**	*if they open*

Here are some examples of full sentences using *if* forms:

Telefon etmez*sem* saat ikide buluşacağız.	*If I don't phone, we'll meet at two o'clock.*
İster*sen* sinemaya gidelim.	*If you want, let's go the cinema.*
Bana dokunur*sa* döverim onu.	*If he touches me, I'll beat him up.*
Sorar*sak* cevap verir misiniz?	*If we ask, will you answer?*
Ali'yi bulur*sanız* benden selam söyleyin.	*If you find Ali, say hello from me.*
Gelebilir*lerse* memnun olurum.	*If they can come, I'll be happy.*

You can put the word **eğer** before an *if* form of a verb. However, you usually don't need it. For example:

(Eğer) ister*sen* bizimle gelebilirsin.	*If you want, you can come with us.*

(Eğer) dükkana giderse bir   *If he's going to the shop, ask him*
litre kola alsın.   *to buy a litre of cola.*

Grammar books refer to *if* forms as conditional forms. The present *if* form is sometimes called the first conditional.

Other *if* forms

You can use the **-se** ending with **var** and **yok**. For example:

Paramız yoksa gidemeyiz.   *If we've no money, we can't go.*
Problem varsa bana   *If there's a problem, let me know.*
haber ver.

You can also make conditional forms of the **-iyor** present or the future tenses. This book will not describe these forms in detail, but here are two examples:

Şimdi geliyorsa, ne yapalım? *If he's on his way, what shall*
                                  we do?
Gelecekse, erken gelsin.   *If he's going to come, tell him to*
                                  come early.

You will learn about conditional forms of the past tense in Unit 16.

2 Using the -r present tense in conditional sentences

You use the present *if* form to talk about possible future events and what will happen in the event that they do happen.

Eğer gelirse ...   *If he comes ...*

You often follow a present *if* form with a verb in the **-r** present tense. For example:

Eğer gelirse memnun olurum.   *If he comes I'll be happy.*

You use the **-r** present tense in sentences like this rather than the **-ecek** future tense.

Listen out for warnings using the **-r** present tense. For example:

Düşersin!   *You'll fall!*
Tokatı yersin!   *You'll get* (literally *eat) a slap!*

When people make warnings like this, they are using the second half of a conditional sentence. They're leaving the *if* ... part of the sentence unspoken. What they really mean is *if you're not careful, you'll fall* or *if you do that again, you'll get slapped.*

3 -e ihtiyaç var

The Turkish equivalent of *I need a holiday* is *I have a need to a holiday.*

Tatile ihtiyacım var.	*I need a holiday.*
Neye ihtiyacımız var?	*What do we need?*
Onların bana ihtiyacı var mı?	*Do they need me?*

Note how the **ç** in **ihtiyaç** becomes **c** to ease pronunciation.

ihtiyaç	*need*

4 Since *and* for

Since

When talking about time, the Turkish equivalent of *since* is **-den beri**. Here are some examples:

Ne zaman*dan beri*?	*Since when?*
Dün*den beri*.	*Since yesterday.*
Bu sabah*tan beri* hastayım.	*I've been ill since this morning.*
Bindokuzyüzdoksanbeş*ten beri* **burada oturuyorum.**	*I've lived here since 1995.*

You should note that in Turkish you say *I am ill since yesterday*, but in English you say *I've been ill since yesterday*. Likewise, in Turkish you say *I'm living here since 1995*, not *I've lived here since 1995*.

For

When talking about time in the past, the equivalent of *for* is:

- **-den beri** or **dir** if the action is still continuing;
- nothing if the action is finished.

Çok*tan beri* buradayım.	*I've been here for a long time.*
Bir hafta*dan beri* burada kalıyorlar.	*They've been staying here for a week.*
Ne zaman*dır* buradasın?	*How long have you been here for?*
İki gün*dür* yemiyoruz.	*We haven't eaten for two days.*
İki gün yemedik.	*We didn't eat for two days.*
Okul iki gün kapalıydı.	*The school was closed for two days.*

5 Kadar

The equivalent of *until* is **-e kadar**, which also means *as far as* or *up to*. For example:

Çarşambaya kadar buradayım.	*I'm here (I'll be here) until Wednesday.*
Beşe kadar beklerim.	*I'll wait until 5.*
Işıklara kadar gidin.	*Go as far as the lights.*
Sonuna kadar okudun mu?	*Did you read it up to the end?*

Kadar on its own can also mean *as ... as...*. For example:

Senin kadar akıllı değil.	*He's not as clever as you.*
Aslan kadar kuvvetliyim.	*I'm as strong as a lion.*
Perihan, Didem kadar güzel.	*Perihan is as beautiful as Didem.*
Onlar kadar zengin olmak istemiyorum.	*I don't want to be as rich as them.*

Note that **ben, sen, biz** and **siz** take a possessor ending, but **o, onlar** and nouns do not. For example:

biz*im* kadar	*as much as us*
o kadar	*that much*
David kadar	*as much as David*

6 *Parts of the body*

—————— **Alıştırmalar** ——————

The key to these exercises is on page 250.

1 Match the statements in the first column to the correct replies in the second.

(a)	Çok çamurluyum.	(i)	Anahtara ihtiyacınız var.
(b)	Futbol oynamak istiyorum.	(ii)	Biraya ihtiyacın var.
(c)	Kapıyı açamıyoruz.	(iii)	Duş yapmaya ihtiyacın var.
(d)	Saçlarımı taramam lazım.	(iv)	Mayoya ihtiyacın var.
(e)	Susadım!	(v)	Tarağa ihtiyacın var.
(f)	Yüzmeye gitmek istiyorum.	(vi)	Topa ihtiyacımız var.

çamur	*mud*	**mayo**	*swimming costume*
taramak	*to comb*	**tarak**	*comb*
susamak	*to get thirsty*	**top**	*ball*

2 Fill in the gaps below with the correct verb endings.

(a) Çok yorgunsam, erken yat_____.
(b) Eğer hava güzel ol_____, plaja gideriz.
(c) Paris'e gidersek, Eyfel Kulesi'ni gör_____.
(d) Türk yemeklerini sev_____, sana bir Türk yemeği pişiririm.
(e) Param yeterse, bir Türk kilimi al_____.

3 Build meaningful sentences using one item from each of the three columns below.

(a) Eldiveni	bacağınıza	giyersiniz.
(b) Gözlüğü	başınıza	sürersiniz.
(c) Ceketi	bileğinize	sararsınız.
(d) Küpeyi	boynunuza	takarsınız.
(e) Kaşkolu	dudağınıza	
(f) Külotlu çorabı	elinize	
(g) Ruju	gözlerinize	
(h) Saati	kulağınıza	
(i) Şapkayı	parmağınıza	
(j) Yüzüğü	sırtınıza	

eldiven *gloves*	**bilek** *wrist*
kaşkol *scarf*	**ruj** *lipstick*
küpe *earring*	**yüzük** *ring*
külotlu çorap *tights*	**takmak** *to attach, to fasten, to*
dudak *lip*	*put on, to fix*

4 State what you would do in the situations given below. Then look at the answers in the key at the back of the book to compare your opinion with ours. Would we all do the same thing in each situation?

> Eğer aşağıdaki problemler varsa ne yaparsınız? Doktora mı, eczaneye mi, acil servise mi gidersiniz yoksa hiçbir şey yapmaz mısınız?

(a) Geçen akşamdan beri ishaliniz var.
(b) İki gündür gribiniz var.
(c) Bir saattir burnunuz çok kanıyor.
(d) Evvelki günden beri burnunuz akıyor.
(e) Biraz önce kolunuzu kırdınız.
(f) İki saattir karnınız ağrıyor.
(g) Nezle oldunuz.
(h) Üç gündür boğazınız ağrıyor.
(i) Bir haftadır ayağa kalkarken başınız dönüyor.
(j) Birkaç saatten beri öksürüyorsunuz.

aşağıda *below, downstairs*	**akmak** *to run, seep*
acil *emergency*	**kırmak** *to break*
yoksa *or else*	**karın** *stomach*
hiçbir şey *nothing*	**nezle olmak** *to have a cold*
grip *flu*	**boğaz** *throat*
kanamak *to bleed*	**başınız dönüyor** *you feel faint,*
evvelki *previous*	*you go dizzy, your head spins*
evvelki gün *the day before*	
yesterday	

5 Arrange the following words in order of distance from the ground. Start with the lowest part of the body first!

> ağız   ayak   burun   göğüs   göbek   kafa   popo

6 Match items from the two columns below to make the ten most meaningful sentences.

(a) Eğer bize sorarsan   (i)   onlar da bize etmezler.
(b) Eğer benimle evlenirsen   (ii)   ben sana alışveriş yaparım.
(c) Eğer biletiniz yoksa   (iii)   eve erken dönmeyebilirler.
(d) Eğer eğlenirlerse   (iv)   geç gelirsiniz.
(e) Eğer listeyi yazarsan   (v)   giremezsiniz.
(f) Eğer onlara yardım   (vi)   pişman olmazsın.
     etmezsek
(g) Eğer Türkçe konuşabilirsen (vii)   sana cevap veririz.
(h) Eğer treni kaçırırsanız   (viii)   mesaj bırakın.
(i) Eğer işime gitmezsem   (ix)   iyi bir mazerete
                               ihtiyacım olacak.
(j) Eğer evde değilsek   (x)   Türkler seni çok severler.

---

kaçırmak *to miss*   **pişman olmak** *to regret, to have*
mazeret *excuse, reason*   *regrets*
ödünç vermek *to lend*

---

7 Fill in the gaps in the sentences below using the correct endings.

(a) Hemen hemen Ali_____ kadar şişmansın!
(b) Siz_____ kadar güzel yok.
(c) Yarın_____ kadar çalışacağım.
(d) Hikayem bu_____ kadar.
(e) Yolun sonu_____ kadar gidersen görürsün.
(f) Onlar_____ kadar zengin değiliz.

8 Mönüye bakarak sorulara cevap verin.

(a) En ucuz yemeği seçersem ne kadar tutar?
(b) Vejetaryensem ne yiyebilirim?
(c) Piliç hariç et sevmezsem kaç çeşit yemek yiyebilirim?
(d) Tipik Türk yemeğini yemek istersem ne tavsiye edersiniz?
(e) En pahalı yemek hangisi?

MÖNÜ

IZGARAMIZDAN	FROM GRILL
Bonfile 50.000	Fillet Steak
Kuzu Pirzolası 80.000	Lamb Cutlets
Kuzu Şiş 80.000	Shish Kebab
	(The famous Turkish shish kebab served with grilled seasonal vegetables and Turkish Pliaff)
Dana Biftek 80.000	Beef Steak
Karışık Izgara 95.000	Mixed Grill
(Kuzu Pirzolası, Kuzu Böbrek, Ciğer, Köfte ve Sosis)	*(Lamb cutlets, kidneys, and liver, meatballs and sausage)*
Bütün ızgara etlerimiz taze mevsim sebzeleri ile servis edilir.)	*All dishes from grill served with seasonal vegetables)*
Köfte 65.000	Köfte
	(Spicy minced meatballs)
Tavuk 70.000	Grilled Chicken

TENCERE YEMEKLERİMİZ	CHEF'S CASSEROLE DISHES
	Escolopes of Veal Supreme
Dana Suprem	
(Tereyağda pişirilmiş kremalı dana eti beyaz sosla servis edilir)	*(Sautéed Escolopes of Veal served with sauce supreme)*
Kıral usulü Tavuk 75.000	Chicken à la King
(Mantar ve kremalı tavuk sote)	*(Chicken cooked in mushroom sauce)*
Maryland usulü Piliç 70.000	Chicken Maryland
(Tavuk budu pane, ızgara edilmiş ananasla servis edilir.)	*(Panéed chicken served with slice of pineapple)*
Günün Spesiyalitesi	Special Dish of the Day

9 There are ten items of clothing hidden in this square. One has been found for you.

p	o	t	i	ş	ö	r	t
a	y	a	k	k	a	b	ı
l	i	ğ	r	b	ç	l	m
t	ç	m	a	y	o	u	ü
o	ş	u	v	c	e	z	r
ç	o	r	a	p	v	h	a
e	r	u	t	a	k	ı	m
b	t	**g**	**ö**	**m**	**l**	**e**	**k**

Konuşma 2

The next day Sibel returns to the chemist's.

Sibel	Günaydın.
Eczacı	Günaydın. Eşiniz, oğlunuz nasıl?
Sibel	Teşekkürler. Oğlumun ishali geçti. Eşimin sırtı hâlâ kötü ama yavaş yavaş iyileşiyor.
Eczacı	Evet. Memnun oldum. Şimdi ne arzu edersiniz? Umarım, be sefer bir hastalık için değildir.
Sibel	Değil, allaha şükür. Bugün tıraş kremi, jilet, ve mendil istiyorum.
Eczacı	Tıraş kremi kalmamış. Öğleden sonra gelecek.
Sibel	Peki. Diş macunu ve diş ipi var mı?
Eczacı	Diş ipi de kalmamış. Öğleden sonra onu da bekliyoruz.
Sibel	Tamam. Diğerleri için yarın gelirim. Borcum nedir?
Eczacı	Bir dakika hesaplayayım.

kötü	*bad*	**macun**	*paste*
iyileşmek	*to get better, to recover*	**ip**	*string, thread*
bu sefer	*this time*	**diğer**	*other*
-e karşı	*against*	**borç**	*debt*
tıraş	*shave*	**borcum nedir**	*what do I owe you?*
jilet	*razor*		
mendil	*handkerchief*	**hesaplamak**	*to calculate*
kalmamış	*is not left*		

11
SİZCE ÇOK SAKİN BİR YERMİŞ!

In this unit you will learn how to

- make complaints
- apologise
- report what someone else has said
- say what you expect to have happened

Konuşma

The Çelik family have returned early from a disastrous holiday in an hotel in Bodrum. Elif Çelik has returned to the travel agency where she booked the hotel in order to complain.

Elif İyi günler. Müdürle konuşmak istiyorum.

Görevli Maalesef müdür bey yok şu anda. Ben yardım edebilir miyim?

Elif Belki. Bir şikâyetim var. İki ay önce firmanızla otel rezervasyonu yaptım. Bodrum'da, üç kişi, bir hafta için. Tam pansiyon. Çarşamba, yani iki gün önce gittik. Tatilimiz felaketti. Bugün döndük.

Görevli Çok özür dilerim. Problem neydi?

Elif Otel. Sizce "Klüp Osman" oteli lüks bir otelmiş, çok sakin bir yermiş, odaları deniz manzaralı ve balkonluymuş, birinci sınıf restoran varmış.

Görevli Evet?

Elif Otele gelince, boş oda yok dediler. Şikâyet ettikten sonra, dört saat bekledik. En sonunda bize otelin arkasında iki

oda verdiler. Ne manzaralı, ne balkonlu. Benim odamda
tuvalet bozuk, öbür odada da su yoktu. Hem bizim, hem de
oğlumuzun yatak çarşafları kirliydi.

Görevli Çok ...

Elif Otel çok gürültülü. Açık hava diskoteğin tam yanında.
Müzik saat dörde kadar devam etti. Hiç uyuyamadık.

Görevli Çok ...

Elif Sizce otelin restoranı birinci sınıfmış. Saçma! Yemekleri
berbattı. Yağlı, tatsız, iğrenç ...

Görevli Çok, çok özür dilerim. Çok fena olmuş. Otelin müdürüne
şikâyet ettiniz mi?

Elif Şikâyet etmeye çalıştık ama, müdür ya meşgul ya hasta ya
da yokmuş. En sonunda döndük. Felaketti. Paramı geri
almak istiyorum hemen şimdi.

Görevli Çok üzüldüm. Kusura bakmayın. İsminizi ve telefon
numaranızı verirseniz müdürümüze haber veririm. En
kısa zamanda sizi arar.

görevli *employee*	**çarşaf** *sheet*
şikâyet *complaint*	**gürültülü** *noisy*
tam pansiyon *full board*	**devam etmek** *to continue, to go on*
felaket *disaster*	**saçma** *nonsense*
dönmek *to return*	**berbat** *terrible*
manzara *view, panorama*	**tatsız** *tasteless*
birinci sınıf *first class*	**iğrenç** *disgusting*
otele gelince *on arriving at the hotel*	**şikayet etmeye çalıştık** *we tried to complain*
şikâyet ettikten sonra *after complaining*	**ya ... ya ...** *either ... or ...*
en sonunda *finally, in the end*	**geri almak** *to take back*
ne ... ne ... *neither ... nor ...*	**hemen şimdi** *right now*
öbür oda *the other room*	**en kısa zamanda** *as soon as possible*
hem ... hem ... *both ... and ...*	**üzülmek** *to be sorry*

Sorular

1 Kaç kişi Bodrum'a gitti?
2 Elif otelin restoranından memnun kaldı mı?
3 Elif otelin müdürüne şikayet edebildi mi?
4 Elif görevliden ne istiyor?

(The answers are on page 250.)

✳ Notlar

hem ... hem ..., ya ... ya ..., ne ... ne ...

Note the repeated words in the expressions **hem ... hem ..., ya ... ya ...** and **ne ... ne ...** . Here are some more examples of their use:

Hem futbol hem voleybol oynamayı severim.	*I like playing both football and volleyball.*
Ya çarşamba ya perşembe gelin.	*Come either on Wednesday or on Thursday.*
Yavuz ne yakışıklı ne sempatik.	*Yavuz is neither handsome nor likeable.*

🔘 Dilbilgisi

1 -miş

The ending **-miş** on a verb means *apparently, supposedly* or *reportedly.* To make this form of the verb you take the following steps:

Action	Example
Take the verb stem.	al
Add **-miş**.	al**mış**
Add the personal ending.	al**mışım**

Here are some examples:

Ben yapmışım.	*I did it, supposedly.*
Dün gelmişsin.	*You're supposed to have come yesterday, apparently you came yesterday.*
Bitmiş diyorlar.	*They say it's finished.*
Kaçırmışız.	*They say we've missed it.*
Arabamı siz sürmüşsünüz.	*Apparently it's you who drove my car.*
Futbol oynamışlar.	*I gather they play football.*

You can use the ending **-miş** with the verb *to be*. Here are some examples:

iyiymişim	*I am / was supposed to be good*
postacıymışsın	*I gather you are / were a postman*
İngilizmiş	*it's said he is / was English*
şişmanmışız	*they say we are / were fat*
sempatikmişsiniz	*apparently you are / were likeable*
tehlikeliymişler	*they are / were said to be*
	dangerous

Note how these examples could be referring either to the present or the past. Note also how you need a buffer **-y-** between a vowel and **-miş**.

Here are some questions using **-miş**:

Enteresan mıymış?	*Is it supposed to be interesting?*
Türk değil miymiş?	*Wasn't she supposed to be Turkish?*
Neymiş?	*What did you say it was?*
Neredeymiş?	*Where do they say it was?*
Niçinmiş?	*Why?*

2 Using -miş

You will hear **-miş** forms used *very* frequently in spoken Turkish. People use them in order to distance themselves in some way from what they're saying.

More specifically, you use **-miş** forms for the following purposes:

Purpose	Example	Translation
saying what someone else said	Otel güzelmiş.	*They said the hotel was nice.*
talking about something you're not sure of (and are therefore asking the listener to approve)	Doğru mu yapmışım?	*Have I done it right?*
for something you've just discovered or noticed (and are therefore not responsible for)	Aa! Çorabım kaçmış!	*Oh! My stocking's laddered!*

You should note that the common element in all these usages is in some way saying you're not sure about or not involved in the action.

You use **-miş** to tell fairy stories, jokes or anecodes. For example:

Bir güzel prenses varmış ...   *There was a beautiful princess ...*
Üç erkek bara girmiş ...   *Three men walked into a bar ...*

Whilst storytelling, the tense once again 'excuses' the narrator, suggesting *I wasn't there, but ...* .

It's no wonder that Turks use **-miş** forms a lot. If there was a **-miş** tense in English, I'm sure great use would be made of it by the English too. So I'm told, apparently ...

3 Nouns and adjectives ending in -miş

There are some nouns and adjectives which end in **-miş**, for example:

geçmiş	*the past*
dolmuş	*a 'stuffed' taxi*
iyi pişmiş	*well-cooked*
kızarmış	*fried*

4 -miştir

He and *they* forms of verbs ending in **-miştir** or **-mişlerdir** can have two different meanings.

I expect ...

You can use **-miştir** when you're not sure that something's happened, but expect it to be the case. English equivalents are the expressions *I expect* or *must have*. For example:

Bir saat önce çıktı. Şimdi oraya gelmiştir.   *She left an hour ago. She must have arrived by now.*
Bu iş iyi değil. Hızlı yapmışlardır.   *This work's not good. I expect they did it quickly.*
Unutmuştur.   *She must have forgotten.*

Journalistic past tense

You will also hear these endings in official announcements or in news reports. In these situations they are simply official-sounding equivalents of the past tense. For example:

Ankara treni üçüncü perona gelmiştir.	*The Anakara train has arrived at platform three.*
Dükkanımızda yaz sezonu başlamıştır.	*In this store, the summer season has now started.*

5 -ince, -dikten sonra, -den önce *etc.*

You can add the following endings to verb stems:

-ince	*on ...-ing, when*
-dikten sonra	*after ...-ing*

For example:

İstanbul'a gelince doğru otelimize gittik.	*On arriving in Istanbul, we went stright to our hotel.*
Beni görünce güldü	*He smiled when he saw me.*
Yemeğini yedikten sonra uyudu.	*She fell asleep after eating her meal.*
Yarım saat bekledikten sonra eve döndüm.	*After waiting half an hour I went home.*

You can add this ending to the *he* form of the **-r** present tense:

-ken	*whilst . . . -ing.*

For example:

Temizlerken kafamı çarptım.	*Whilst cleaning I banged my head.*
Çalışırken radyo dinliyor.	*He's listening to the radio whilst working.*

You can add the following endings to the short infinitive of verbs:

-den önce	*before ...-ing*
-den	*without ...-ing*

For example:

Alışveriş yapmadan önce kütüphaneye gitti.	*Before doing the shopping, he went to the library.*

Gazeteyi okumadan önce kahvaltı yaptı.	*She had breakfast before reading the paper.*
Alışveriş yapmadan kütüphaneye gitti.	*Without doing the shopping, he went to the library.*
Gazeteyi okumadan kahvaltı yaptı.	*She had breakfast without reading the paper.*

6 -lemek *and* -leşmek

In English verbs can be made from other parts of speech by adding **-ify** or **-ise** to the end (for example, intense – intensify, modern – modernise). Turkish has similar endings.

Here are some verbs formed using the ending **-lemek**:

Noun, adjective or adverb		Verb	
temiz	clean	temiz**lemek**	to clean
hesap	bill, invoice	hesap**lamak**	to calculate
üf	(blowing sound)	üf**lemek**	to blow, to make a blowing noise
parça	piece	parça**lamak**	to break into pieces
hazır	ready	hazır**lamak**	to prepare, to make ready
saçma	nonsense, rubbish	saçma**lamak**	to talk nonsense
tekrar	again	tekrar**lamak**	to repeat
fırça	brush	fırça**lamak**	to brush
zayıf	slim	zayıf**lamak**	to lose weight

Note how most of these verbs have the idea of *making*.

Here are some verbs formed using the ending **-leşmek**:

Noun, adjective or adverb		Verb	
iyi	good	iyi**leş**mek	to get better
bir	one	bir**leş**mek	to unite, to come together
yer	place	yer**leş**mek	to settle, to fit in
uzak	far	uzak**laş**mak	to go away
Avrupalı	European	Avrupalı**laş**mak	to 'Europeanise', to become European

Note how these verbs have the idea of *becoming*.

 ———————— **Alıştırmalar** ————————

The key to these exercises is on page 251.

1   Aylin spoke to her sister on the phone. This is what her sister said:

> "Şimdi televizyon seyrediyorum."
> "Dün gece saat ikiye kadar diskotekteydik."
> "İşim çok fena. Bırakmayı düşünüyorum."
> "Bayram için Ali'nin ailesindeydik."
> "Annemin hediyesini sevmedim. Hiç giymeyeceğim."
> "Yeni bir bilgisayar aldık."
> "Sizleri özledim."

YOU SAID IT WAS A VERY QUIET PLACE!

This is what Aylin told her mother about the conversation:

"Şimdi televizyon seyrediyormuş, dün gece de evde kalmış. İşi fena değilmiş. Bayramda Ali'nin ailesine gitmişler. Senin hediyeni çok beğenmiş. Yeni bilgisayar almışlar. Bizi özlemiş."

How many lies did she tell?

2 In the first column below are some requests for approval. In the second column are possible replies. For each request choose the most likely reply.

(a) Doğru söylemiş miyim?
(b) Fazla tuz koymamışım, değil mi?
(c) İyi seçmiş miyim?
(d) Rengi güzel miymiş?
(e) Saçlarım böyle yakışmış mı?
(f) Yanlış mı yapmışım?
(g) Yeterince kilo vermiş miyim?

(i) Bilmem. Tadına bakayım.
(ii) Hayır. Bence çok koyu. Daha açık olmalı.
(iii) Merak etmeyin. İyi yapmışsınız.
(iv) Bence doğru değil. Gelecekte susarsan daha iyi olur.
(v) Vermişsin. Rejimini bırakabilirsin artık.
(vi) Evet. Babam bu hediyeyi çok sever.
(vii) Evet ama daha uzun olunca daha yakışıyor.

fazla too much	**açık** light
seçmek to choose	**gelecekte** in the future
yakışmak to be attractive	**rejim** diet
yeterince sufficient, enough	**tada bakmak** to taste, to sample
koyu dark	**merak etmek** to worry

3 Fill in the gaps in the text below with the endings **-ince, -ken, -meden** or **-dikten**. Make changes to the preceding verb stem where necessary.

Yataktan kalk_(a)_ sonra doğru duşa girerim. Kahvaltı yap_(b)_ sonra evden çıkarım. Otobüse bin_(c)_ önce gazete alırım ve otobüste otur_(d)_ gazeteyi okurum. İş yerime gel_(e)_ bir kahve içerim. Sabahleyin çalış_(f)_ üç veya dört bardak çay içerim. Öğle yemeğimi ye_(g)_ sonra biraz dolaşırım. Dolaş_(h)_ öğleden sonraki işimi planlarım.

Akşam işten çık__(i)__ önce çalışma masamı toplarım. Eve git__(j)__ akşam gazetesini okurum.

4 Match items from the two columns below to make the eight most meaningful sentences.

(a)	Çocuğumuz uyanınca	(i)	işçiler sustu.
(b)	Bozuk paranızı alınca	(ii)	ayın sonunu dört gözle
(c)	Düdük sesini duyunca		bekliyorum.
(d)	Hava güneşli olunca	(iii)	bağırmaya başlıyor.
(e)	Param olmayınca	(iv)	lütfen kontrol ediniz.
(f)	Sen saat altıda eve	(v)	mesajınızı bırakın.
	dönmeyince	(vi)	sağa sapın.
(g)	Işıklara gelince	(vii)	sensiz akşam yemeğimizi yedik.
(h)	Şef odaya girince	(viii)	yürümeyi seviyorum.

uyanmak to wake up	**dört gözle beklemek** to look
düdük beep	forward to
ses sound, voice	**bağırmak** to cry out, to shout

5 There are many tales of Nasreddin Hoca, a witty old man who deals sharply with scroungers. Fill in the gaps in the story below using this list of verbs.

çalmış   demiş   vermiş   başlamış

Günün birinde, Nasreddin Hoca'nın kapısını, komşularından biri ___(a)___:

– Hoca efendi, ___(b)___: Acele bir işim çıktı. Bana eşeğini verir misin?

Nasreddin Hoca, komşunun bu isteğine, olumsuz cevap ___(c)___:

– Eşek burada yok. Senden önce başkası aldı, ___(d)___.

Fakat, tam bu sırada ahırda olan eşek, anırmaya ___(e)___.

Komşusu, eşeğin sesini duyunca:

– Fakat Hoca, eşek burada, ___(f)___.

Nasreddin Hoca, gülerek cevap ___(g)___:

– Aşkolsun komşu, bana mı yoksa eşeğe mi inanıyorsun? ...

günün birinde one day	**acele bir işim çıktı** urgent
komşu neighbour	business has cropped up
komşularından biri one of his	**eşek** donkey
neighbours	**istek** request

olumsuz *negative*	**ahır** *stable*
başkası *someone else*	**anırmak** *to bray*
fakat *however*	**aşkolsun** *shame on you*
tam bu sırada *just at that moment*	**yoksa** *or else*

6 Below is a note which Serpil has left for her husband. All the verbs have been removed and are listed below. There are no clues as to where they have come from. Rewrite the note, reinserting the verbs in the correct positions. Do not alter the order of the existing words.

alacaksın   etti   geliyormuş   gidiyorum
gitmeden   kalacakmış   olacakmış   topla
yiyeceğiz

> *Öğleden sonra annem telefon. Bu akşam otobüsle. Üç gün bizimle. Otogardan. Varan şirketinin ofisinde saat yedi buçukta. Ben çarşıya. Akşam yemeğimizi annemle beraber. Önce lütfen evi biraz.*
>
> *Serpil*

toplamak *to tidy up*	**ile beraber** *together with*
şirket *company*	

7 Place these words in the correct order, beginning with **Ocak**.

Ağustos Aralık Eylül Ekim Haziran Kasım Mart
Mayıs Nisan Ocak Şubat Temmuz

Konuşma 2

Later that day, the director of the travel agency telephones Elif Çelik.

Elif Alo?

Müdür Günaydın. Elif Çelik'le konuşmak istiyorum.

Elif Buyurun. Benim.

Müdür Günaydın Elif Hanım. Benim adım Fikret Bozkurt. Bozkurt-Tur'un müdürüyüm. Bugünkü şikâyetlerinizi öğrendim. İlk önce çok özür dilemek istiyorum. Sonra, size bir teklifim var.

Elif Evet, sizi dinliyorum.

Müdür Genellikle müşterimiz yanlış bir tatil seçerse hiçbir şey yapamıyoruz. Bu seferlik size özel bir şey yaparız. Size dört gün Marmaris'te beş yıldızlı bir otelde kalmayı teklif ediyoruz. Tam pansiyon. Ne dersiniz?

Elif Bilmiyorum. Yolu uzak. Zaten bir kere gidip geldik.

Müdür Beş yıldızlı bir otel. Pişman olmazsınız. Bakın, ailenizle konuşup bana telefon edin. Bürodayım. Beklerim. Tamam mı?

Elif Tamam ama...

Müdür Telefonunuzu bekliyorum. İyi akşamlar Elif Hanım.

Elif İyi akşamlar.

ilk önce *first of all*		**teklif etmek** *to offer*	
özür dilemek *to apologise*		**zaten** *anyhow, in any case*	
teklif *offer*		**gidip geldik** *we went and then came back*	
müşteri *customer*			
bizim yapabileceğimiz bir şey yok *there's nothing we can do*		**konuşup, telefon edin** *talk and then phone me*	
bu seferlik *just this once*			
özel *special*			

12
ARADIĞINIZ NUMARA YANLIŞTIR

In this unit you will learn how to

- make official announcements
- make sentences with the equivalent of *which* or *that*
- use the Turkish -**ip** verb ending

——————— Konuşma ———————

It is Şeker Bayramı. Nur and her husband Orhan live in Konya. Nur is about to telephone her family in Bandırma.

Nur   Annemlere telefon edeyim. Sen de iyi bayramlar demek ister misin?

Orhan   Derim tabii.

Nur   Tamam.

Nur dials.

Telefon Sayın abonemiz. Bu bir teyp kaydıdır. Aradığınız numara yanlıştır. Lütfen kontrol edip, tekrar arayınız. Teşekkür ederim.

Nur puts the phone down.

Orhan   Meşgul mü?

Nur   Hayır. Yanlış aramışım.

Nur dials again.

Telefon   Sayın abonemiz. Bandırma telefonları yedi rakam olmuştur.
2, 3, 4 ve 8 ile başlayan telefonların başına 71 gelmiştir.
Ayrıca 38 ile başlayan telefonların başına 73, 39 ile
başlayan telefonların başına 74 gelmiştir. Teşekkür ederiz.

Nur puts the phone down.

Orhan   Yine mi yanlış? Ben arayayım mı?
Nur   Hayır. Karışma. Numara değişmiş. *(Talking to herself as
she dials ...)* Sıfır – iki – altmışaltı – yetmişüç – otuzsekiz –
yirmibir – sıfır ...
Telefon   Sayın abonemiz. Bu bir teyp kaydıdır. Bütün hatlarımız
doludur. Lütfen bekleyip tekrar arayınız. Teşekkür ederim.

Nur slams the phone down.

Nur   Kahretsin!
Orhan   Yardım edeyim mi?
Nur   HAYIR!

bayram *public holiday*	**yedi rakam olmuştur** *have,*
şeker *sugar, sweets*	*become seven-figure numbers*
annemler *my mother's family*	**baş** *head, start*
Sayın *Dear*	**8 ile başlayan telefonların başına**
abone *subscriber*	**71 gelmiştir** *71 has been put in*
teyp *tape*	*front of telephone numbers*
kayıt *recording*	*beginning with 8*
aradığınız numara *the number you*	**ayrıca** *in addition, moreover*
called	**yine** *again*
yanlış *wrong*	**karışmak** *to interfere*
kontrol etmek *to check*	**değişmek** *to change*
kontrol edip, tekrar arayınız *check,*	**bütün** *all*
then call again	**hat** *line*
rakam *figure, digit*	**bekleyip tekrar arayınız** *wait, then*
2, 3, 4 ve 8 ile başlayan telefonları	*call again*
telephone numbers beginning with	**kahretsin** *damn!*
2, 3, 4 and 8	

Sorular

Doğru mu, yanlış mı?

1 Nur üç kere telefon etmeye çalışıyor.
2 Orhan yardım etmek istemiyor.

3 Nur'un ailesinin eski numarası 0266 38210. Yeni numarası 0266 7338210.

4 Nur huysuz.

(The answers are on page 251.)

✳ Notlar

Şeker Bayramı

This is a three-day holiday when people eat sweets to celebrate the end of the month-long fast of Ramazan. Its date changes according to the Muslim lunar calendar, and so each year it takes place 12 days earlier. The other big religious holiday is **Kurban Bayramı**, which occurs a couple of months after **Şeker bayramı**. On this date the tradition is to slaughter a sheep and distribute its meat to the needy. The largest non-Islamic holiday is New Year. Christmas is a normal working day.

Kartım küçük ama dileğim büyük

-dir

Note how often the official-sounding **-dir** ending is used on the post office tape recordings. Note also the use of the **-mıştir** verb ending which simply acts as an official version of the past tense.

Sevgili Pollard ailesine

Yeni yılda sağlık, huzur ve mutluluk dileriz.

Gelenler adına
Nilgün Gelen

-mış

Note how Nur uses the **mış** ending to report what she has just learned.

Swearing

It is *very* difficult to know when and how to use swear words in a foreign language. You should avoid using any you might pick up or you could cause great upset. However, here are some of the common ones:

Eşek!	*Donkey! (Ba***rd!)*
Defol!	*Clear off! (P*** off!)*
Eşşoğlu eşek!	*Son of a donkey! (Ba***rd!)*
Kahretsin!	*May God crush you / it. (Damn!)*

 ─────────── **Dilbilgisi** ───────────

1 -dik *adjectives*

Look at the following phrases:

(benim) sevdiğim renk   *the colour **which I like**, the colour **which I liked***

(senin) tut*tuğun* kitap	*the book **which you're holding**, the book **which you held***
(onun) sür*düğü* araba	*the car **which he drives**, the car **which he drove***
(bizim) al*dığımız* ev	*the house **which we're buying**, the house **which we bought***
(sizin) ye*diğiniz* yemek	*the food **which you eat**, the food **which you ate***
onların yaz*dığı* mektup	*the letter **which they're writing**, the letter **which they wrote***

The words **sevdiğim, tuttuğun, sürdüğü, aldığımız, yediğiniz** and **yazdığı** are all adjectives. The idea of *which* sentences is something Turkish does in a completely different way to English. The English say *the colour which I like*, but in Turkish you say *my-liked colour*.

You use the ending **-dik** to create adjectives like those above, so we will call them **-dik** adjectives. To create them, follow these steps:

Action	Example
Take the stem of the verb. Add **-dik.** Add the possessed ending.	ye y**dik** yedi**ğim**

The examples above all show **-dik** adjectives created from verbs which add an **-i** ending to their objects. They are the equivalent of the English *which*.

You can also use **-dik** adjectives to mean *in which* or *at which*. In such cases they include the idea of the Turkish **-de** ending. For example:

oturduğum ev   *the house in which I live*
geldiğin saat   *the time at which you came*

They can also include the idea of the Turkish **-e** ending. In such cases, they mean *to which*. For example:

gittiği okul   *the school (which) he goes to*
bindiğimiz tren   *the train (which) we got onto*

-dik adjectives can also include the idea of the Turkish **-den** ending. In such cases they mean *from which*. For example:

geldiğiniz köy	*the village (which) you come from*
onların indiği araba	*the car (which) they got out of*

They can also include the idea of **ile**. In such cases they mean *with which*. For example:

konuştuğunuz çocuk	*the child (whom) you were talking with*
evlendiği erkek	*the man (whom) she married*

Note how **-dik** adjectives can refer either to the past or the present. Thus, you can translate **tuttuğunuz kitap** as either *the book you are holding* or *the book you held*. The meaning is usually clear from the context.

2 The difference between -en and -dik adjectives

Question: What is the difference between the **-dik** adjective made from a verb and the **-en** adjective made from the same verb (described on page 111)?
Answer: You use the **-en** form to describe the doer (the subject) of an action. You use the **-dik** form to describe the object of an action.

Look at these examples:

Beni seven kadın.	*The woman who loves me.*
Sevdiğim kadın.	*The woman whom I love.*

In the first sentence, it is the woman who is doing the loving. She is the subject. In the second sentence it is she who is being loved. She is the object.

In grammar books, the **-en** form is called the subject participle of a verb, and the **-dik** form is called the object participle. It is, however, easier to think of them as adjectives than as forms of a verb.

3 -dik nouns

Sometimes you can use a **-dik** adjective without the noun which it describes. So instead of saying: **yaptığın şeye bak** (*look at the thing you've done*) you can say **yaptığına bak** (*look at the thing you've done*).

Note how you take the **-e** ending from **şey** and add it to the end of **yaptığın**. Here, the **-dik** adjective is acting as if it were a noun. You can only do this when it is obvious what that missing noun is.

Here are some examples of **-dik** adjectives used as nouns:

Full sentence (*-dik* word acting as an adjective)	Short sentence (*-dik* word acting as a noun)
Aldığım şeyi istiyor musun?	Aldığımı istiyor musun?
Söylediğin şeye inanmıyorum.	Söylediğine inanmıyorum.
Yaptığın şeyden korkuyorum.	Yaptığından korkuyorum.
Gördüğümüz şeyden bahsetme!	Gördüğümüzden bahsetme!
Sevmediğiniz adamla konuşmayın!	Sevmediğinizle konuşmayın!
Onların getirdiği yemeği yemeyeceğim.	Onların getirdiğini yemeyeceğim.

You should note how, in all these examples, you take the **-i**, **-a**, or **-den** ending from the missing noun and add it to the **-dik** participle.

If the missing noun is in a plural form, you add that plural ending to the **-dik** participle too. For example:

Full form	Short form
Aldığım şeyleri istemiyor musun?	Aldıklarımı istemiyor musun?
Söylediğin şeylere inanmıyorum.	Söylediklerine inanmıyorum.
Sevmediğiniz insanlarla konuşmayın!	Sevmediklerinizle konuşmayın!

4 -ecek *adjectives and nouns*

To make a *which* sentence about the future you use an **-ecek** adjective. For example:

Oku*yacağım* kitap.   *The book which I'm going to read.*
Otura*cağınız* şehir.   *The town where you'll live.*

To make an adjective like this, follow these steps:

Action	Example
Take the stem of the verb.	git
Add **-ecek**.	gi**decek**
Add the possessive ending.	gideceğ**im**

Here are some more examples where the **-ecek** forms act like adjectives:

göreceğiniz film	*the film which you'll see*
görmeyeceğiniz film	*the film which you won't see*

Like **-dik** forms, you can also use **-ecek** forms as nouns. Here are some examples:

Söyleyeceğine dikkat et.	*Be careful about what you're going to say.*
Bizim yapacağımızı merak etmeyin.	*Don't worry about what we're going to do.*
Alacaklarım bunlar.	*These are the ones which I'm going to buy.*

You use **-ecek** as the future equivalent of **-en** adjectives as well as **-dik** adjectives. So you use it for subjects as well as objects. For example:

Past form	Future form
Yapan bu. (*This is the person who did it.*)	Yapacak bu. (*This is the person who'll do it.*)
Yaptığı bu. (*This is the one he did.*)	Yapacağı bu. (*This is the one he'll do.*)
Gidenler kim? (*Who are the ones who went?*)	Gidecekler kim? (*Who are the ones who will go?*)
Gittiğim yerler güzel. (*The places I went to are nice.*)	Gideceğim yerler güzel. (*The places I'll go to are nice.*)

5 -ip

In English, instead of saying *Tonight I'm going to have a bath and I'm going to wash my hair*, you can say *Tonight I'm going to have a bath and wash my hair*. The second *I am going* is not necessary so we miss it out without losing the meaning.

In Turkish you can do something similar, but where you miss a bit out, you insert a signal to let people know you're skipping something. The signal is the ending **-ip**. Look at the following sentences:

Bu akşam banyo yapacağım ve saçlarımı yıkayacağım.
Bu akşam banyo yapıp saçlarımı yıkayacağım.

In the second sentence, the first **-acağım** has gone, and **-ip** is in its place. The **ve** is also missing.

Here are some more examples of **-ip** sentences:

Full sentence	Shortened version
Bakkala git ve bir kilo süt al!	Bakkala gidip bir kilo süt al!
Annesine koştu ve onu öptü.	Annesine koşup onu öptü.
Oturuyorlar ve ders çalışıyorlar.	Oturup ders çalışıyorlar.
Bulaşık yıkamalıyım ve anneme telefon etmeliyim.	Bulaşık yıkayıp anneme telefon etmeliyim.
Sinemaya gidelim ve film seyredelim.	Sinemaya gidip film seyredelim.
Pencereyi kapatır mısınız ve buraya gelir misiniz?	Pencereyi kapatıp buraya gelir misiniz?

You should note that you cannot use the **-ip** verb form to shorten the following sentences:

Eve döneceğiz ve çalışacağım. *We'll go home and I'll work.*
Ali oyun oynuyor ve Hakan *Ali's playing a game and Hakan*
televizyon seyrediyor. *is watching television.*

Question: Why can't you?
Answer: In the first sentence, the verb forms are not the same. In the second sentence, it is not the same subject performing the two actions.

6 Kıpkırmızı *etc.*

Turkish usually works by adding suffixes (endings) to words. There is one case where it works by adding prefixes (additions to the front) instead. This is when you want to make the meaning of adjectives more intense.

Here are some examples with approximate English translations:

Normal adjective		Intensified form	
kırmızı	red	kıpkırmızı	bright red
beyaz	white	bembeyaz	white as snow
mavi	blue	masmavi	clear blue
sarı	yellow, blonde	sapsarı	pure blonde, yellow
yeşil	green	yemyeşil	as green as can be
siyah	black	simsiyah	pitch black
kara	dark	kapkara	dark as night
temiz	clean	tertemiz	squeaky clean
boş	empty	bomboş	completely empty
düz	straight	dümdüz	straight as a die
başka	different	bambaşka	completely different
çıplak	naked	çırılçıplak	stark naked

Note how the first two letters of the prefixes repeat the first two letters of the original adjective.

 ——————————— **Alıştırmalar** ———————————

The key to these exercises is on page 251.

1 Translate these sentences into English

   (a) En sevdiğimiz modeller bunlar.
   (b) Ne yapacağımı bilmiyorum.
   (c) Bana verdiğin haber hiç ilginç değil.
   (d) İçtiğimiz şarabın ismi ne?
   (e) Tanışacağınız adam bu firmanın müdürü.
   (f) Dün yardım ettiğimiz kadın iyileşiyor şimdi.
   (g) Ayşe'nin bahsettiği insanlar geldi.
   (h) Vurduğun adam kim?
   (i) Yarın orkestranın çalacağı parça Beethoven'ın beşinci senfonisi.
   (j) Aşık olduğu kız onu sevmedi.

2 Fill in the gaps in the sentences below with an **-en** adjective, a **-dik** adjective or an **-ecek** adjective. Alter the verb stems as necessary.

(a) Benim eski otur_____ apartman çok kirliydi.
(b) Türklerin en çok sev_____ komedi sanatçısı Kemal Sunal.
(c) Bizim bin_____ otobüs beş dakika sonra kalkıyor.
(d) Senin geçen hafta gönder_____ mektubu almadım.
(e) Şimdi köprüden geç_____ otobüs bizim.
(f) Senin kır_____ vazo çok pahalı.
(g) Geçen hafta eşimin gönder_____ mektubu aldınız mı?
(h) Onların almak iste_____ araba satılık değildi.
(i) Restoranda yemek ye_____ insanları tanıyorum.
(j) Oğlumun çiz_____ resmi gösterir misiniz?

sanatçı *artist, actor*		**çizmek** *to draw*

3 Read the following recipe for **humus**. Basing your answers on the context in which they appear in the recipe, match the list of verbs below to their correct English meanings.

> **Malzeme**
>
> 250 gr. nohut, yarım bardak tahin, 2 diş sarmısak, 2 çay kaşığı kimyon, 1 limon, 1 fincan zeytinyağı, kırmızı biber, tuz, maydanoz
>
> **Yapım**
>
> Nohutu ayıklayıp yıkadıktan sonra bir gece tuzlu suda bırakın. Ertesi gün suyunu süzüp, tekrar su koyarak nohutu pişirin. Kabuklarını çıkarıp püre haline getirin. Hazırladığınız püreye tahin, dövülmüş sarmısak, tuz, kimyon, kırmızı biber ve limon suyu katıp karıştırın.
>
> Servis tabağına alıp, üzerine kırmızı biberli yağı gezdirerek maydanozla süsleyip servis yapın.

(a) ayıklamak
(b) yıkamak
(c) süzmek
(d) çıkarmak

(e) katmak
(f) karıştırmak
(g) gezdirmek
(h) süslemek

(i) *to add*
(ii) *to decorate*
(iii) *to mix*
(iv) *to pick over, to pick out the bad bits*
(v) *to sieve*
(vi) *to sprinkle*
(vii) *to take off, to take out*
(viii) *to wash*

nohut *chickpea*	**püre** *puree*
tahin *sesame oil*	**hal** *state, condition (formerly*
sarmısak *garlic*	*spelled **hâl**)*
kimyon *cumin*	**dövülmüş** *crushed, beaten*
maydanoz *parsley*	**kaşık** *spoon*
ertesi gün *the following day*	**üzeri** *outer surface*
kabuk *skin, shell*	

4 Make these adjectives more 'intense' by filling in the gaps using prefixes.

(a) Onun kardeşi _____ başka.
(b) Kar _____ beyaz.
(c) Sinema _____ boş.
(d) Yol _____ düz.
(e) Pasaj _____ kara.

(f) Deniz _____ mavi.
(g) Saçların _____ sarı.
(h) Gözleri _____ siyah.
(i) Hava _____ temiz.
(j) Peysaj _____ yeşil.

kar *snow*	**peyzaj** *landscape*
pasaj *passage*	

5 (a) Translate this sign.
   (b) In what type of shop do you think the sign was hanging?

Seç
Karıştır
İstediğin
Kadar
Al

seçmek *to choose*	**karıştırmak** *to mix something*

6 Read this biography in order to discover the identity of X.

Varlıklı bir ailenin oğlu olan X, 16 Nisan 1889'da Londra'nın Kensington mahallesinde dünyaya geldi. Bir bariton olan babasını henüz yedi yaşındayken kaybetti. Daha sonra opera şarkıcısı olan annesi hastalanıp sürekli hastanede kalmaya başlayınca X ve kardeşi Sidney bir yetimhanede yaşamaya başladı. Yetimhaneden kaçmak için kardeşiyle birlikte aktör olmaya karar verdi ve bir tiyatro grubuna katıldı. Bu grupla birlikte Hollywood'a kadar gitti. Orada en iyi komedi filmlerinin yapımcısı Mack Sennet ile beş yıllık bir anlaşma yaptı. Şehir Işıkları ve Modern Zamanlar gibi filmlerde oynayan X sinema tarihinde çok özel bir yer kazandı.

varlıklı *wealthy*	**yetimhane** *orphanage*
mahalle *district*	**kaçmak** *to escape, run away*
bariton *baritone*	**-le birlikte** *together with*
hastalanmak *to become ill*	**yapımcı** *producer*
henüz yedi yaşında *by the time he was seven*	**anlaşma** *contract, agreement*
şarkıcı *singer*	**tarih** *history*
sürekli *continuously*	**kazanmak** *to win, to earn*
	katılmak *to join*

7 Shorten these sentences using the **-ip** verb ending.

(a) Çarşıya gidiyorum ve alışveriş yapıyorum.
(b) Bana mektup yazdı ve teşekkür etti.
(c) Lokantaya gidelim ve şiş kebabı yiyelim.
(d) Evde kalmalıyım ve ders çalışmalıyım.
(e) Saat beşte gelecekmiş ve tatil fotoğrafları getirecekmiş.
(f) Eve gitsin ve dinlensin.
(g) Susar mısınız ve oturur musunuz?
(h) Bu yolun sonuna kadar gidin ve sağa sapın.
(i) Başbakan Antalya'ya gitmiştir ve söylev vermiştir.

yolculuk *journey*	**başbakan** *prime minister*
rahatsız *uncomfortable*	**söylev vermek** *to make a speech*
dinlenmek *to relax*	

Konuşma 2

On her fourth attempt, Nur manages to get through to her parents' house on the phone.

Nur' un babası	Alo?
Nur	Babacığım. İyi bayramlar!
Nur' un babası	Teşekkürler. Sana da iyi bayramlar yavrum! Nasılsın?
Nur	Teşekkürler. Ya sizler?
Nur' un babası	Biz hepimiz iyiyiz. Misafir var burada. Teyzen, anneannen, amcan, kızkardeşin. Çay içip sohbet ediyoruz.
Nur	Annem ne yapıyor?
Nur' un babası	Tahmin et.
Nur	Mutfakta galiba.
Nur' un babası	Evet. Akşam yemeğini pişiriyor. Biraz sonra çağırayım. Beş dakka önce Orhan ve senin hakkında konuşuyorduk burada. Kulaklarınız çınladı mı? Aramanızı bekliyorduk. Siz ne yapıyorsunuz?
Nur	Hiçbir şey yapmıyoruz şimdilik.
Nur' un babası	Orhan'la konuşabilir miyim?
Nur	Orhan evde değil. Biraz önce yürüyüşe çıktı ...

babacığım *daddy*	**Orhan ve senin hakkında** *about you and Orhan*
yavrum *darling, dear, honey* (literally *my child*)	**konuşuyorduk** *we were talking*
misafir *guest*	**çınlamak** *to ring* (ear)
amca *uncle* (on father's side)	**aramanızı bekliyorduk** *we were waiting for you to call*
sohbet etmek *to chat*	**şimdilik** *for the moment, for now*
tahmin etmek *to guess*	**hemen şimdi** *just now, just*
galiba *probably*	**yürüyüşe çıkmak** *to go out for a walk*
çağırmak *to call*	
dakka short for **dakika**	

13
NE OLDUĞUNU ANLATIR MISINIZ?

In this unit you will learn how to

- say what was happening
- say what had happened previously
- say what someone reported or heard about an event

Konuşma

Sally visits Turkey regularly and has studied the language at university. She is in Marmaris and her purse has disappeared. She has found a tourist policeman.

Sally Polis bey.
Polis Evet.
Sally Birisi cüzdanımı almış.
Polis Nerede, ne zaman?
Sally Plajda, biraz önce.
Polis Hırsızı gördünüz mü?
Sally Emin değilim.
Polis Peki, ne olduğunu anlatır mısınız?
Sally Ben denizde yüzüyordum. Yüzerken çantama sık sık bakıyordum çünkü plaja yalnız gelmiştim. Bir kere baktım ve genç bir erkek eşyalarımın yanında oturuyordu. Yüzmeye devam edip, bir dakika sonra yine baktım. Erkek yok olmuştu.
Polis Bu erkek mi cüzdanınızı aldı sizce?

Sally	Bilmiyorum. Onu görünce korktum. Hemen denizden ćıkıp, eşyalarıma döndüm, ćantamı kontrol ettim. Cüzdanım yok olmuştu.
Polis	Kumda aradınız mı?
Sally	Aradım. Her tarafa baktım.
Polis	Otelinize de baktınız mı?
Sally	Otelde olamaz. Otelden ćıktıktan sonra cüzdanımı kullandım. Bakkaldan bir şişe su aldım. Plaja yürürken paramı sayıyordum. Plaja gelince, parayı cüzdanın ićine koyup, cüzdanı ćantamın ićine koydum.
Polis	Sizi izleyen veya takip eden insan var mıydı?
Sally	Farkında değilim.
Polis	Tamam. Plajda oturan erkeği tarif edebilir misiniz?
Sally	Mayoluydu. Bıyıksız. Kısa saćlı. Yirmi yaşlarında falan.
Polis	Türk müydü, turist miydi?
Sally	Yabancı mıydı, Türk müydü bilemiyorum. İkisi de olabilir.
Polis	Tamam. Karakola gelirseniz bir rapor yazarız.

birisi *someone*	**takip etmek** *to follow, pursue*
hırsız *theif*	**farkında değilim** *I didn't notice*
ne olduğunu anlatır mısınız?	**tarif etmek** *to describe*
would you explain what happened?	**bıyık** *moustache*
yüzüyordum *I was swimming*	**kısa saćlı** *short-haired*
gelmiştim *I had come*	**yirmi yaşlarında** *in his twenties*
eşyalar *things, belongings*	**yabancı mıydi, Türk müydü**
yok olmak *to disappear*	**bilemiyorum** *I don't know*
yok olmuştu *he had disappeared*	*whether he was English or Turkish*
kum *sand*	**ikisi** *both*
sayıyordum *I was counting*	**karakol** *police station*
izlemek *to follow* (with your eyes)	

Sorular

1 Sally polise neden gidiyor?
2 Sally denizde yüzerken ne gördü?
3 Sally'nin cüzdanı nićin otelinde olamaz?
4 Sally plajda oturan erkeğin Türk olduğunu söyleyebiliyor mu?

(The answers are on page 251.)

✳ Notlar

Bilemiyorum

Note how Sally uses the *cannot* form of **bilmek**. This is a very Turkish way of saying you don't know or can't tell.

Dilbilgisi

1 What was happening

You know the Turkish present continuous tense (**yapıyorum** – *I am doing*). To make the past continuous tense (**yapıyordum** – *I was doing*), follow these steps:

Action	Example
Take the present continuous form	içiyorsunuz
Remove the personal ending	içiyor
Add the past form of the verb *to be*.	içyor**dunuz**

Here are some examples:

Saat sekizde ne yapıyordun?	*What were you doing at eight o'clock?*
Ders çalışıyordum	*I was studying.*

2 What had happened

The **-mişti** tense of a verb has nothing to do with the **-miş** tense. It does *not* mean *apparently* or *reportedly*. Instead, it is the equivalent of saying *had done* in English. Here are some examples:

Merhaba demedi çünkü önceki gün şikayet etmiştim.	*He didn't say hello because I had complained the day before.*
Eve geldiğim zaman sen gitmiştin.	*When I came home you had gone.*
Çok yanlış yapmıştı. Yardım etmeliydim.	*He had made lots of mistakes. I had to help him.*

İlk defa İspanya'da paella
yedim, daha önce hiç
yememiştim.

*I ate paella for the first time in
Spain. I'd never eaten it before.*

Ne yapacağımı bilemedim
çünkü geldiğimde gitmişlerdi

*I didn't know what to do because
when I arrived they'd gone.*

Grammar books call this the past perfect tense.

3 Reporting events using -dik or -ecek nouns

In order to say *I said I was fine*, in Turkish you say *fine my-being I
said* – **iyi olduğumu söyledim**. To do this, you use the past or
future participles (**-dik** or **-ecek** adjectives) as nouns. Look at the fol-
lowing examples:

Hasta olduğumu kim söyledi? *Who said that I was ill?*

Senin bunu söyleyeceğini
tahmin ettim.
I guessed you would say that.

Babamın geleceğini siz mi
söylediniz?
*Did you say that my father will
come?*

Yardım etmeyeceğimizi
anlıyorlar.
*They understand that we won't
help.*

Berkant'la evlendiğinizi
öğrendik.
*We heard that you got married
to Berkant.*

Onların boşanacağını sanmam *I don't reckon they'll get
divorced.*

4 Combining -dik or -ecek nouns with için, etc.

Combining the past and future participles with certain other words
produces particular meanings. Here are some such combinations (the
participles are represented by **-diği**):

-diği gibi	*just as*
-diği halde	*although*
-diği için	*due to*
-diği kadar	*as far as*
-diği zaman	*when*
-diğinde	*when*
-diğinden başka	*apart from*

Here are some examples:

Bildiğim kadar iyiler	*As far as I know, they're fine.*
Onu öpmeye çalışmadığın için sana kızdı.	*She got annoyed with you because you didn't try to kiss her.*
İstasyona geldiğim zaman nerede olacaksın?	*When I arrive at the station where will you be?*
Sık sık duş yaptığımda kendimi iyi hissediyorum.	*I feel good when I shower often.*
Fakir olduğu halde hayatından memnun.	*Although he's poor he's very content.*
Bizim onların evine gideceğimizden başka hiçbir şeyden haberim yok.	*I've heard nothing apart from the fact that we'll be going to their house.*
Söylediği gibi beklememiz lazım.	*As he said, we'll have to wait.*

5 The difference between -dik or -ecek nouns and the short infinitive

As a rule of thumb, if you want to talk about a *specific* event that actually happened or will happen, use the **-dik** or **-ecek** nouns. If you are talking about the *concept* of doing something or the *way* of doing it, use the short infinitive. For example:

Şarkı söylediğiniz doğru mu?	*Is it true that you sing?*
Şarkı söylemeniz doğru mu?	*Is your singing the right thing to do?*
Hakan'ın eve gittiğini söylediler.	*They said that Hakan went / had gone home.*
Hakan'ın eve gitmesini söylediler.	*They told Hakan to go home.*

You should note that sometimes the short infinitive has a particular meaning, for example:

Araba kullandığını öğrendim.	*I learned that he drives / that you drive.*
Araba kullanmasını öğrendim.	*I learned to drive.*

The short infinitive can sometimes refer *either* to the way in which something is done *or* to a specific event. For example:

Bağırdığınız kötü oldu. *The fact that you shouted is bad.*
Bağırmanız kötü oldu. *The fact that you shouted is bad.*
or The way in which you
shouted was bad.

Bağıracağınızdan korkuyorum. *I'm afraid that you will shout.*
Bağırmanızdan korkuyorum. *I'm afraid that you will shout. or*
The way you shout frightens me.

6 Building nouns with -iş

Turkish makes some nouns by adding **-iş** onto the stem of a verb.
Here are some examples:

Verb		Noun	
kalkmak	*to leave*	**kalkış**	*departure*
çıkmak	*to exit*	**çıkış**	*exit*
girmek	*to enter*	**giriş**	*entry*
kullanmak	*to use*	**kullanış**	*usage*
uçmak	*to fly*	**uçuş**	*flight*
yürümek	*to walk*	**yürüyüş**	*a walk, a stroll*
almak, vermek	*to take, to give*	**alışveriş**	*shopping*
gitmek, dönmek	*to go, to return*	**gidiş-dönüş**	*round trip*

7 Expressions with var and yok

Here are some special phrases using **var** and **yok**:

Bir varmış bir yokmuş . . . *Once upon a time . . .*
Ne var? *What's up? What's the matter?*
Ne var ne yok? *What's the news?*
var etmek *to create, to cause there to be*
yok etmek *to get rid of*
var olmak *to exist*
yok olmak *to disappear*

 ——————— **Alıştırmalar** ———————

The key to these exercises is on page 251.

1 A murder has taken place in an hotel. The following day, suspects have been asked what they were doing at the time of the murder. Match the suspects to their replies. Then say who you think did it.

(a)	Resepsiyon memuru	(i)	Arabada teyp dinleyerek müşteri bekliyordum.
(b)	Taksi şoförü	(ii)	Bir misafirle barda oturuyordum.
(c)	Genel müdür	(iii)	Son misafirlerimizin hesabını hazırlıyordum.
(d)	Aşçı	(iv)	Kokteyl yapıp birkaç misafire ve müdürümüze servis yapıyordum.
(e)	Bulaşıkçı	(v)	Resepsiyonda oturup bir arkadaşla telefonda konuşuyordum.
(f)	Garson	(vi)	Yemek pişirmeyi bitirmiştim. Bulaşıkçıyla kart oynuyordum.
(g)	Kasadar	(vii)	Bulaşık yıkıyordum tabii.
(h)	Barmen	(viii)	Son misafirlerimizin yemeği bitirmelerini bekliyordum.

---

kasadar *cashier*　　　　　　　　**bulaşık** *dirty dishes, the washing up*
aşçı *cook*

---

2 Read the following reports of what someone else said. Fill in the gaps with the words that were originally spoken. The first one has been done for you.

(a) Satıcı çantanın deri olduğunu söyledi.
　　Satıcı "Bu çanta deri" dedi.
(b) Ali, Fikret'in üniversiteye gideceğini söyledi.
　　Ali "_____" dedi.
(c) Kız yemeğin yağlı olmasından şikayet etti.
　　Kız "_____" dedi.
(d) Arkadaşım, Gül'ün beni deli gibi sevdiğini söyledi.
　　Arkadaşım "_____"dedi.
(e) Televizyonda spiker ısının otuz derece olacağını haber verdi.
　　Televizonda spiker "_____" dedi.
(f) Eşim yarın işinin olacağını söyledi.
　　Eşim "_____" dedi.
(g) Arkadaşlarım onların dün partiye gittiğini söylediler.
　　Arkadaşlarım "_____" dediler.

ısı *temperature*	**parti** *party*

3 Match items from the two columns below to make meaningful
sentences.

(a) Futbol oynayamadın   (i)   çünkü oyun başlamıştı.
(b) Ödeyemedim   (ii) çünkü yarım saat geç gelmişlerdi.
(c) Şefi onlara kızdı   (iii) çünkü kaybolmuştuk.
(d) Girmek istemedik   (iv) çünkü cüzdanımı evde
                                  bırakmıştım.
(e) Yolu sormamız   (v)   çünkü bacağını kırmıştın.
     gerekiyordu

4 Below are descriptions of personalities born under different star
signs. Choose the one which best matches yourself. Then check
whether you have chosen the right sign by looking in the key.

(a) Cesaretli, bazen saldırgan, aşırı giden, kıskanç, heyecanlı.
     Çok dindar olabilir.
(b) Konuşkan, kendinden emin, neşeli. Spor ve seyahat ile ilgili.
     Tehlikeli yaşar.
(c) Tedbirli, kibar, ciddi, girgin ama utangaç. Ev, politika ve
     insanlar ile ilgili.
(d) Toleranslı, girgin ama değişken. Spor ve politika ile ilgili.
     Bazıları çok çok akıllı bazıları deli.
(e) Hassas, duygulu, yaratıcı, artistik, karamsar. Kendisi ile
     ilgili.
(f) Enerjik, despot, dost, cömert, hassas, artistik. Huysuz ola-
     bilir.
(g) Çalışkan, sakin, dost. İş, para, arkadaşlar ve aile ile ilgili.
(h) Akıllı, esprili, çok konuşkan, kaprisli. Kitaplar, insanlar ve
     fikirler ile ilgili.
(i) Komik, tedbirli, endişeli, utangaç. Tarih ile ilgili. Genelde
     mutlu.
(j) Kibirli, despot, bağımsız, heyecanlı, cömert. Ya çok düzenli
     ya da çok düzensiz.
(k) Pratik, dakik, çalışkan. Doğa ile ilgili.
(l) Despot, bazen enerjik bazen tembel, sempatik, tartışmacı.
     Spor ve hayvanlar ile ilgili.

cesaretli *brave*	**yaratıcı** *creative*
saldırgan *aggressive*	**karamsar** *pessimistic*
aşırı *extreme*	**enerjik** *energetic*
kıskanç *jealous*	**despot** *despot, despotic*
heyecanlı *excitable, passionate*	**dost** *friend, friendly*
dindar *religious*	**cömert** *generous*
konuşkan *talkative*	**huysuz** *bad-tempered*
kendinden emin *self-confident*	**çalışkan** *hard-working*
neşeli *cheerful*	**sakin** *quiet, calm*
seyahat *journey, travel*	**esprili** *witty*
ile ilgili *interested in*	**kaprisli** *capricious, changeable*
tehlikeli *dangerous*	**endişeli** *anxious, worried, con-*
yaşamak *to live*	*cerned*
tedbirli *cautious*	**genelde** *generally*
kibar *polite*	**kibirli** *proud, arrogant*
ciddi *serious*	**bağımsız** *independent*
bazılar(ı) *some (of them)*	**düzenli** *tidy*
girgin *sociable*	**dakik** *punctual*
utangaç *shy*	**doğa** *nature*
deli *mad, crazy*	**tartışmacı** *argumentative*
hassas *sensitive*	**samimi** *genuine, sincere*
duygulu *emotional*	**tembel** *lazy*
toleranslı *tolerant*	**sempatik** *likeable*
değişken *changeable*	

5 A man has lost his memory in an accident. A nurse is trying to get him to remember who he is. Fill in the gaps by adding endings to the verb stems provided.

Hemşire Adınız ne?

Hasta Adımın ne ol____*(a)*____bilmiyorum.

Hemşire Nerede oturuyorsunuz?

Hasta Nerede otur____*(b)*____hatırlayamıyorum.

Hemşire Ne iş yapıyorsunuz?

Hasta Ne iş yap____*(c)*____bilmiyorum.

Hemşire Size ne olduğunu biliyor musunuz?

Hasta Araba sür____*(d)*____ başka bir şey hatırlayamıyorum.

Hemşire Kaza ol____*(e)*____ hatırlıyor musunuz? Hafızanızı kaybettiniz. Merak etmeyin. Tekrar kazanacaksınız.

hemşire *nurse*	**hafıza** *memory*

6 Fill in the gaps in the sentences below using **halde, gibi, için, kadar, -da, zaman** or **-dan başka**.

    (*a*) Çok ćalıştığı _____ sınavdan kaldı.

    (*b*) Çok ćalıştığı _____ sınavı gećti.

    (*c*) Durumu söylediğiniz _____ fena değil. Daha iyidir.

    (*d*) İstediğiniz _____ yaşayın.

    (*e*) Şimdi aldığımız _____ yiyecek bir şey var mı?

    (*f*) Güldüğün _____ sana yakışıyor.

sınavdan kalmak	*to fail the/an exam*

7 Match these descriptions of people to the relevant pictures.

    (*a*) Dalgalı saćlı, genć, ince, mavi gözlü, ćirkin.

    (*b*) Yakışıklı, yirmi yaşlarında, koyu tenli, saćsız ve bıyıksız.

    (*c*) Çok kısa saćlı, esmer, gözlüklü, sakallı, yaşlı ve şişman.

    (*d*) Otuz yaşlarında, uzun ve düz saćlı, kahverengi gözlü, esmer ve güzel.

(ı) (ii)

(iii) (ıv)

dalga	*wave*	**kel**	*bald*
ince	*slim*	**esmer**	*olive-skinned*
çirkin	*ugly*	**sakallı**	*bearded*
yakışıklı	*handsome*	**yaşlı**	*elderly, old*
koyu tenli	*dark-skinned, black*		
bıyıksız	*clean-shaven, without a moustache*		

8 What does this sign mean?

tada bakmak *to sample, to have a taste of*

───────── Konuşma 2 ─────────

Later that day, the policeman comes to Sally's hotel. He hands her a purse.

Polis Bayan Smith. Bu sizin mi acaba?
Sally Ah! Benim. Para duruyor mu?
Polis Paranız hâlâ içinde.
Sally Allaha şükür. Nerede buldunuz?
Polis Plajda, sahil yolunun yanında. Plaja yürürken düşürmüşsünüz galiba. İki çocuk bulup, karakola getirmişler.
Sally Çocuklar kimler?
Polis Kim olduklarını bilmiyorum.

Sally Ne yazık. Onlara teşekkür etmek istiyorum. Size de çok teşekkür ederim.
Polis Rica ederim. Ama daha dikkatli olmalısınız. Bundan sonra paranızı plaja götürmezseniz daha iyi olur.
Sally Tamam.
Polis Haydi iyi günler efendim.
Sally İyi günler.

durmak *to stay, stop, remain*	**düşürmüşsünüz** *apparently you dropped it*
Allaha şükür *thank God*	
sahil *coast*	**dikkatli** *careful*
sahil yolu *sea front, coast road*	**bundan sonra** *from now on*
düşürmek *to drop*	**götürmek** *to take*
galiba *most probably, presumably*	**haydi** the same as **hadi**

14
—— GÜLDÜRME BENİ! ——

In this unit you will learn how to

- express surprise
- say what used to happen
- talk about having things done
- say when, where and how something happened

 —————————— **Konuşma** ——————————

Pelin and Selma are old schoolfriends who bump into each other in the street.

Pelin	Selma! Nasılsın!
Selma	Pelin! Teşekkürler. Sen nasılsın?
Pelin	Sağol. Allah Allah. Bu ne sürpriz!
Selma	Ben de çok şaşırdım! Çok iyi görünüyorsun.
Pelin	Sen de. Kaç senedir görüşemedik?
Selma	Sekiz dokuz sene olmalı. Okulu bitirdiğimizden beri.
Pelin	Eh, okulda çok iyi arkadaştık, değil mi?
Selma	Evet, beraber çok iyi zaman geçirdik. Hâlâ voleybol oynuyor musun?
Pelin	Güldürme beni. O eskidendi.
Selma	Ne yapıyorsun şimdi? Çalışıyor musun?
Pelin	Ev hanımıyım. Altı senedir evliyim.
Selma	Ev hanımı! Şaka mı ediyorsun? Sen "hiç evlenmeyeceğim"

derdin. Çok iyi hatırlıyorum.

Pelin Hatırlatma bana. İnsanlar değişir. Sen ne iş yapıyorsun?

Selma Öğretmen olarak çalışıyorum.

Pelin İnanmıyorum! Sahi mi? Hayret bir şey! Okuldan nefret ederdin. Öğretmenlerden de!

Selma Doğru. Söylediğin gibi insanlar değişir.

Pelin Hem de nasıl! Acelen var mı? Bir yerde oturup kahve içelim mi? Konuşacağımız çok şey var. Sana bir şey itiraf etmek istiyorum.

Selma Hadi içelim.

ne sürpriz *what a surprise*	**güldürmek** *to make someone laugh*
şaşırmak *to be confused, to be amazed*	**ev hanımı** *housewife*
şaşırdım *I'm amazed*	**şaka etmek** *to joke*
görünmek *to look, to appear*	**derdin** *you used to say*
görüşmek *to see one another*	**hatırlamak** *to remember*
kaç senedir görüşemedik? *how long is it since we saw each other?*	**-e hatırlatmak** *to remind someone*
sekiz dokuz *eight or nine*	**sahi mi?** *really?*
bitirmek *to finish (something)*	**hayret** *surprise, surprising*
bitirdiğimizden beri *since we finished*	**nefret ederdin** *you used to hate*
zaman geçirmek *to spend time*	**hem de nasıl!** *and how!*
voleybol *volleyball*	**konuşacağımız çok şey var** *we have a lot of things to talk about*
eskiden *in the past, in the old days*	**itiraf etmek** *to confess*

Sorular

Doğru mu, yanlış mı?

1 Okuldayken Pelin voleybol oynardı.
2 Selma ile Pelin senelerdir görüşemediler.
3 Şimdi ikisi çalışıyorlar.
4 Kafeteryada oturup eski zamanlardan bahsedecekler.

(The answers are on page 252.)

✳ Notlar

Word order

Note the word order in **güldürme beni**. The rule is that the verb comes at the end of the sentence, but here the speakers break that rule. As stated earlier in this book, word order in Turkish is more flexible than in English, and you will often hear sentences like this.

Görüşemedik

Note the negative **-ebil** form of **görüşmek** in **kaç senedir görüşemedik?** The use of **-ebil** suggests that it was due to circumstance that they did not see each other. If Pelin had asked **kaç senedir görüşmedik** it would imply that they did not see each other on purpose.

 ──────── **Dilbilgisi** ────────

1 Saying what used to happen

The Turkish for *I used to do* is **yapardım**. To make the *used to* form of verbs, follow these steps:

Here are some more examples:

Action	Example
Take the simple present form of the verb.	içersiniz
Remove the personal ending.	içer
Add the past form of the verb *to be*.	içer**diniz**

Araba sür*erdim*.	*I used to drive.*
Pazar günü gel*irdin*.	*You used to come on Sunday.*
Futbol seyred*erdi*.	*He used to watch football.*
Beraber yür*ürdük*.	*We used to walk together.*
Önümde otur*urdunuz*.	*You used to sit in front of me.*
Çok çalış*ırdılar* or	
Çok çalış*ırlardı*.	*They used to work a lot.*

Here are some examples in the negative:

Araba sür*mezdim*.	*I didn't use to drive.*

Futbol oynamazdın.
Denizde yüzmezdi.
Birbirimizi beğenmezdik.
Şikayet etmezdiniz.
Sevmezdiler or **Sevmezlerdi.**

You didn't use to play football.
He didn't use to swim in the sea.
We didn't use to like each other.
You didn't use to complain.
They didn't use to like it.

2 Causing things to happen

Actions can happen or they can be made to happen. When you make them happen, you cause them. In Turkish, there are endings you can put on verb stems which give the idea of 'causing'. These endings are either **-dir, -t, -it, -ert, -ir,** or **-er.** The most common one is **-dir.**

Here are some 'causing' verbs formed with **-dir:**

Normal form of verb		Causing form of the verb	
ölmek	*to die*	öldürmek	*to kill, to cause someone to die*
yemek	*to eat*	yedirmek	*to feed*
gülmek	*to smile*	güldürmek	*to make someone smile*
bilmek	*to know*	bildirmek	*to inform, announce*
çalışmak	*to work*	çalıştırmak	*to make (a machine) work*
saçları kesmek	*to cut hair*	saçları kestirmek	*to have a haircut*

Here are some 'causing' verbs formed with **-t** or **-it:**

hatırlamak	*to remember*	hatırlatmak	*to remind*
anlamak	*to understand*	anlatmak	*to explain*
büyümek	*to grow*	büyütmek	*to bring up, to rear*
soğumak	*to get cool*	soğutmak	*to make cool, to alienate*
korkmak	*to be afraid*	korkutmak	*to scare, to make afraid*

Here are some 'causing' verbs formed with **-ir**:

düşmek	*to fall*	düşürmek	*to drop*
içmek	*to drink*	içirmek	*to make someone drink*
doğmak	*to be born*	doğurmak	*to give birth to*
kaçmak	*to flee, to get away*	kaçırmak	*to let get away, to miss (a vehicle, an event)*

Here are some formed with **-ert** or **-er**:

çıkmak	*to come/go out*	çıkarmak or çıkartmak	*to bring/take out, to take off (clothes)*
gitmek	*to go*	gidermek or gidertmek	*to remove, to get rid of*

To make the causing form from a normal verb, there are no real rules which you can apply except:

- you use **-t** if the verb stem has more than one syllable and ends with an **r**, an **l** or a vowel.

Grammar books usually refer to causing forms as causatives.

SEVGiLi BALIKESiR'Li
UYGAR İNSAN
GÜRÜLTÜ ÇIKARTMAZ

Gürültünün Cezası 2.250.000 TL.

ÇEVRE İL MÜDÜRLÜĞÜ

3 Stopping something or just stopping?

Look at the following sentences:

Durdum. *I stopped.*
Arabayı dur*dur*dum. *I stopped the car.*

In English the verb is the same. In Turkish, one is the normal verb **durmak**, whilst the other is the causative form **durdurmak**.

When you want to translate the verb *stop* from English into Turkish, you have to decide:

● is the stopper just stopping herself (**durmak**)?
● is she stopping somone or something else (**durdurmak**)?

Here are some similar examples:

Uyan!	*Wake up!*
Uyan*dır* onu!	*Wake him up!*
Büyüyorlar.	*They're growing up.*
Çiçekleri büyü*t*üyorlar.	*They're growing flowers.*
Tavuk pişiyor.	*The chicken is cooking.*
Tavuğu piş*ir*iyor.	*He's cooking the chicken.*
Zaman geçiyor.	*Time is passing.*
Zamanı plajda geç*ir*iyoruz.	*We're passing time on the beach.*
Değiştiniz.	*You've changed.*
Saçlarınızı değiş*tir*diniz.	*You've changed your hair.*
Çubuk koptu.	*The stick snapped.*
Çubuğu kop*ar*dım.	*I snapped the stick.*

Note how the causing verbs always have a definite object. In grammar books, verbs which have definite objects are called transitive verbs. Those which can't have definite objects are called intransitive verbs.

In Turkish, when the normal form of a verb is intransitive (for example, **değişmek**), the transitive form of it is often the causative form (**değiştirmek**).

4 Each other

Each other

Birbiri means *each other*. The *we* form is **birbirimiz**, the *you* form is **birbiriniz** and the *they* form is **birbirleri**. Here are some examples:

Birbirimizi seviyoruz.	*We love each other.*
Birbirimize aşığız.	*We are in love with each other.*
Birbirimizden nefret ediyoruz.	*We hate each other.*
Birbirimizle oynarız.	*We play with each other.*
Birbirinize yardım edin!	*Help each other!*
Birbirlerinden korkuyorlar.	*They are afraid of each other.*
Birbirlerinin çocuklarına bakıyorlar.	*They look after each other's children.*

Note how **birbiri** is always the object, or part of the object, of a sentence.

The *-iş* form of verbs

When you see **-iş** or one of its variants after the stem of a verb, it also means *each other*.

Here are some examples:

Yarın görüşürüz.	*We'll see each other tomorrow.*

Bakışıp aşık oldular.		*They looked at each other and fell in love.*
Öpüştünüz mü?		*Did you kiss (each other)?*

Sometimes the **-iş** form of a verb has a meaning beyond just *each other*, for example:

Normal form of verb		-iş form of the verb	
sevmek	*to love*	sevişmek	*to make love*
bulmak	*to find*	buluşmak	*to meet*
anlamak	*to understand*	anlaşmak	*to agree*
tanımak	*to recognise, to be acquainted with*	tanışmak	*to become acquainted, to meet for the first time*
gelmek	*to come*	gelişmek	*to develop*

Now look at these sentences:

İki kamyon birbirlerine çarptı.	*Two lorries hit one another.*
İki kamyon çarpıştı.	*Two lorries collided.*

Question: What is the difference between the two?
Answer: None. For many verbs, there is no difference between the **-iş** form of the verb and using **birbiri**. However, where an **-iş** verb has a special meaning, beware!

Birbirimizi seviyoruz.	*We love each other.*
Sevişiyoruz.	*We're making love.*

Grammar books call the **-iş** form of verbs the reciprocal form. They call **birbiri** the reciprocal adverb.

5 When, where and how

Just as adjectives describe nouns, adverbs tell us more about verbs – when, where or how actions happen. You have already met many adverbs in this book.

You can use most adjectives as adverbs. For example:

İyi gidiyor.	*It's going well.*
Türkçeyi güzel konuşuyorsunuz.	*You speak Turkish well.*

You can create adverbs by adding the ending **-ce** onto words. For example:

Yavaşça sür.   *Drive slowly.*

You can create adverbs by 'doubling' adjectives or some nouns. For example:

yavaş yavaş	*slowly*
zaman zaman	*now and then, from time to time*

You put adverbs just before the verb which they describe. When there is more than one adverb in a sentence, you usually put *when* before *where* or *how*.

When

artık	*now, at last, from now on*
daha	*still, yet*
gene or **yine**	*still*
hemen	*straight away, just*
hemen hemen	*almost*
hemen şimdi	*just now*
henüz	*not yet, just now*
hiçbir zaman	*never*
nadiren	*seldom, not often*
bazen	*sometimes*
sık sık	*often*
her zaman	*always*
sabahleyin	*in the morning(s)*
akşamleyin	*in the evening(s)*
geceleyin	*at night*
kışın	*in the wintertime*
yazın	*in the summertime*

Where

ileri (ileride, ileriye, etc.)	*ahead, forwards*
geri (geride, geriye, etc.)	*back, backwards*
aşağı (aşağıda, aşağıya, etc.)	*down, downwards*
yukarı (yukarıda, yukarıya, etc.)	*up, upwards*
içeri (içeride, içeriye, etc.)	*inside, inward*
dışarı (dışarda, dışarıya, etc.)	*outside, outward*

bu (burada, buraya, etc.)	here
o (orada, oraya, etc.)	there
buralarda	hereabouts, in this area
oralarda	thereabouts, in that area

How

mutlaka	definitely
böyle, şöyle, öyle	like this, like that
belki	maybe
uzun uzun	for a long time, long and hard
gene or yine	again
çok	a lot
az, biraz	a little
bu kadar, şu kadar, o kadar	this much, that much

 ——————— **Alıştırmalar** ———————

The key to these exercises is on page 252.

1 The passage below tells us what life used to be like for Rıfat and his wife Müge before they got married. Fill in the gaps with the verbs from this list and convert them into the correct form.

almak gitmek kavga etmemek oturmak seyretmek
ütülemek yapmamak yemek ziyaret etmek

Evlenmeden önce Müge annesiyle ___(a)___, ev işleri ___(b)___, çok TV ___(c)___, çok giysi ___(d)___ ve kimseyle ___(e)___. Bekârken Rıfat yalnız ___(f)___, her hafta sonu ailesini ___(g)___, sık sık maça ___(h)___, hep lokantalarda ___(i)___ ve gömleklerini kendi ___(j)___.

kavga etmek	to argue, fight	**kimse**	no-one
ütülemek	to iron	**bekâr**	batchelor
ziyaret etmek	to visit		

2 Match the suggestions to the problems listed below.

(a) Arabam kirli.
(b) Balo için giyecek bir şeyim yok.

(i) Gözlerini muayene ettir.
(ii) Güzel bir elbise yaptırsana.

(c) Belki gözlük takmam lazım.   (iii) Kestirmelisin.
(d) Saçlarım uzun.   (iv) Tamir ettirmelisin.
(e) Televizyonum çalışmıyor.   (v) Yıkatsana.

3 Read this postcard and then answer the questions below.

---

25 Nisan

Sevgili Ahmet,

Ne haber? Side'deki tatilin nasıl geçti? Biz de önümüzdeki ay
oraya gitmeyi düşünüyoruz. Kaldığınız pansiyon nasıl? Güzel bir
yerse bize telefon numarasını ve adresini gönderebilir misin?
Bayram olduğu için gitmeden önce rezervasyon yaparsak iyi
olur.

Benden yeni bir haber yok. Birkaç haftadır çok fazla
çalışıyorum. Bu yüzden tatilimi dört gözle bekliyorum.

Umarım haziranda görüşürüz. Hoşça kal.

Artin

(a) Artin hangi ayda tatile çıkmak istiyor?
(b) Neden rezervasyon yapmak iyi bir fikir?
(c) Artin son zamanlarda ne yapıyor?
(d) İnşallah Artin ve Ahmet kaç ay sonra birbirlerini görecekler?

önümüzdeki	*the coming, next*	**ummak**	*to hope*
bu yüzden	*because of this*	**fikir**	*idea*
dört gözle beklemek	*to look forward to*	**son zamanlarda**	*recently*
		galiba	*probably*

4 Rewrite the following sentences. Use either **birbiri** or a verb
containing **-iş**. The first one has been done for you.

(a) Ali Canan'a baktı. Canan da Ali'ye baktı.
    Ali ve Canan bakıştılar.
    or Ali ve Canan birbirlerine baktılar.
(b) Siz bana yardım edebilirsiniz. Ben de size yardım edebilirim.
(c) Ali Canan'ı göremedi. Canan da Ali'yi göremedi.
(d) Ben ona bağırdım. O da bana bağırdı.

(e) Ben senden korkuyorum. Sen de benden korkuyorsun.
(f) Ali, Canan'ın zayıflıklarını ćok iyi anlıyor. Canan da Ali'nin zayıflıklarını ćok iyi anlıyor.
(g) Benim sana ihtiyacım var. Senin de bana ihtiyacın var.

5 Fill in the gaps in the sentences below. First choose one of the two verbs in brackets, then convert it to the correct form.

(a) Yemek _____ öğrenmek istiyorum. (pişmek/pişirmek)
(b) Dikkat et! Köpek ćocuğu _____. (korkmak/korkutmak)
(c) Doktor hastaya ilacı _____. (ićmek/ićirmek)
(d) En sevdiğim parća radyoda _____. (ćıkmak/ćıkarmak)
(e) Eski radyom bozuk, _____. (ćalışmamak/ćalıştırmamak)
(f) Hırsız karanlığa _____. (kaćmak/kaćırmak)
(g) İskoćya'da muz _____ mümkün değil. (yetişmek/ yetiştirmek)
(h) Kazada kać kişi _____? (ölmek/öldürmek)
(i) Lütfen, televizyon kanalını _____? (değişmek/değiştirmek)
(j) Bu sabah saat dördü ćeyrek geće _____. (uyanmak/ uyandırmak).

6 Tunć used to be a very wealthy man. Now times are harder. Read this description of how his life has changed, then say whether the statements below are true or false.

Zenginken her gün evini temizletirdi, haftada iki kere arabasını yıkatırdı, lokantadan yemeğini getirtirdi, ısmarlama elbise yaptırırdı ve günde birkać kere ayakkabısını boyatırdı. Bugünlerde evini kendi temizliyor, ayda bir kere arabasını yıkatıyor, lokantadan yemeğini getirtmiyor, hazır elbise giyiyor ve gerekli olunca ayakkabısını kendi boyuyor.

Doğru mu, yanlış mı?

(a) Bugünlerde daha sık evini temizletiyor.
(b) Bugünlerde daha nadiren arabasını yıkatıyor.
(c) Eskiden daha pahalı elbise giyerdi.
(d) Bugünlerde lokantadan yemeğini kendi alıyor.
(e) Eskiden ayakkabısı daha temizdi.

getirtmek	*to have something brought*	**bugünlerde**	*nowadays*
ısmarlama elbise	*made-to-measure clothes*	**kendi**	*self, himself*
		eskiden	*formerly, in the past*
günde birkaç kere	*a few times a day*	**nadiren**	*rarely*

Konuşma 2

Later, in a café, Pelin and Selma have been reminiscing about their schooldays.

Pelin Eski okul arkadaşlarımızdan gördüklerin var mı?

Selma Senelerdir hiçbirini görmedim. Mamafih geçen yaz bir tanesine vapurda rastladım. Kim olduğunu tahmin et.

Pelin Edemiyorum.

Selma Ali Tan! Bizim Ali Tan! Seninle ben onu ne kadar beğenirdik! Okulda ikimiz de ona deli gibi aşıktık. Ama çok utangaçtık. Neyse vapurda konuşmaya başladık. Konuşurken onun da beni beğendiğini öğrendim! Bayıldım! Okulda Ali Tan beni beğenirmiş ama o da çok utangaçmış! Evliymiş şimdi. Ne yazık.

Pelin Konuşurken benden bahsettiniz mi?

Selma Hayır. Sadece ikimiz hakkında konuştuk. Beni hâlâ sevdiğinden eminim. Eh, bu kadar yeter. Şimdi senin hakkında konuşalım. Biraz önce bir şey itiraf edeceğini söyledin. Etsene.

Pelin Benim Ali Tan'la evli olduğumu söyleyecektim ...

-den gördüklerin var mı? *have you seen any of ..., do you see any of ... ?*	**bayıldım!** *I loved it!* (literally: *I fainted!*)
mamafih *however*	**beni hâlâ sevdiğinden eminim** *I'm sure he still likes me*
bir tanesi *one of them*	**bu kadar yeter** *that's enough*
(-e) rastlamak *to meet by chance*	**itiraf edeceğini söyledin** *you said you would confess*
seninle ben *you and I*	
onu ne kadar beğenirdik *how we used to love him!*	**söyleyecektim** *I was going to say*
	ne yazık *what a pity*
onun beni beğendiğini öğrendim *I learned that he liked me*	**evli** *married*

15
BURASI NE ZAMAN İNŞA EDİLMİŞ?

In this unit you will learn how to

- say what was done and by whom
- say what was going to happen
- build new vocabulary using specific word endings

——————————— Konuşma ———————————

Ivan is a Ukrainian in Istanbul on a business trip. His client is an old friend, Atilla. Their work finished for the day, Atilla has taken him for a beer in a **meyhane** in the famous **Çiçek Pasajı**.

İvan   Burası ne kadar eski?

Atilla   Sultan Abdulhamit'in bir memuru bu hanı 1876 yılında inşa ettirmiş. Planı Fransız bir mimar tarafından çizilmiş. Mimarın adını hatırlamıyorum.

İvan   Çiçekçi han olarak mı inşa edilmiş?

Atilla   Hayır. Ne olarak inşa edilmiş bilmiyorum.

İvan   Adı neden Çiçek Pasajı o zaman?

Atilla   1917 yılında Rusya'da ihtilal olunca pek çok Beyaz Rus İstanbul'a gelmiş. Rus kızları sokaklarda çiçek satmışlar çünkü başka iş yokmuş. Ondan sonra İngiliz ve Fransız askerler İstanbul'a gelmiş. Bu askerler çiçek satan kızlara sataşıp, rahatsız etmişler. Çiçekçi kızlar bunun için sokaklardan ayrılıp, bu pasaja gelmişler ve burada çiçek satmaya başlamışlar.

İvan İlginç. Ama şimdi çiçekçiler yok ki!

Atilla 1940'a kadar çiçekçilerle doluydu. Ondan sonra çiçekçilerin arasında meyhaneler açılmaya başladı. Yavaş yavaş meyhanelerin sayısı arttı ve sonuçta hiç çiçekçi kalmadı.

İvan Enteresan.

Atilla Hadi, bu kadar tarih yeter artık. (*holds up his glass*) Şerefe!

İvan Başarımıza!

meyhane *tavern*	**o zaman** *then, in that case*
çiçek *flower*	**ihtilal** *revolution*
burası *here, this place*	**Beyaz Rus** *Belorussian(s)*
han *large commercial building*	**asker** *soldier*
inşa etmek *to build*	**-e sataşmak** *to harrass*
inşa ettirmek *to have a place built*	**rahatsız etmek** *to disturb*
mimar *architect*	**-den ayrılmak** *to leave*
çizmek *to draw*	**ki!** *!*
Fransız bir mimar tarafından çizilmiş *was drawn by a French architect*	**açılmaya başlamış** *began to be opened*
çiçekçi han olarak *as a flower sellers' building*	**sayı** *number, count*
	artmak *to increase*
inşa edilmek *to be built*	**sonuçta** *in the end*
	başarımıza *to our success*

Sorular

Doğru mu, yanlış mı?

1 Çiçek Pasajı, Sultan Abdulhamit tarafından inşa ettirildi.
2 Çiçek Pasaji yüz yıldan daha eski.
3 Çiçek Pasajı'nda Rus kızlar çiçek satarlardı.
4 Şimdi hâlâ Çiçek Pasajı'nda çiçek satılıyor.

(The answers are on page 252.)

✳ Notlar

Çiçek Pasajı

This is a lively place to spend an evening when in İstanbul. It is a little run down and gets jam-packed at night, but it is also inexpensive and full of character. Its atmosphere is a far cry from that of the sterile international hotels and bars.

-miş

Atilla uses the **-miş** tense throughout his history lesson. This underlines the fact that he wasn't there when it happened and is just relating what he's heard.

Ki!

Do not confuse the word **ki** with the ending **-ki**. The word **ki!** is an expression of surprise.

Singular forms

Note how Atilla uses the singular form of **Rus** to mean *Russians* and the singular **çiçek** to mean *flowers*.

Dealing with harrassment

Using the verb **sataşmak** is one of a number of ways of repelling unwanted attention. It is somewhat stronger than **rahatsız etmek**. For example:

Rahatsız etmeyin!	*Don't bother me! Leave me alone!*
Sataşmayın!	*Don't harrass me!*
Çok ayıp!	*Shame on you!*

Dilbilgisi

1 The passive

Consider the sentence *I opened the door*. You can convey the same meaning by saying *the door was opened by me*. You can also say *the door was opened* without mentioning who did it. You use sentences which say what *is done* or *was done* when you want to focus on the person or thing affected by an action, rather than the one performing it. Look at these examples:

Ahmet kapıyı açtı.	*Ahmet opened the door.*
Kapı Ahmet tarafından açıldı.	*The door was opened by Ahmet.*
Kapı açıldı.	*The door was opened.*

To say something *was done* in Turkish, you use a special form of the verb. This form is called the passive form. To make it, follow these steps:

Action	Example
Take the full form of the verb.	açacak
Add -**il** or -**in** after the verb stem.	açılacak

Here are some verbs and their passive forms:

Normal verb form		Passive form	
çekmek	*to pull*	çekilmek	*to be pulled*
sokmak	*to insert, to put in*	sokulmak	*to be inserted*
kapamak	*to close*	kapanmak	*to be closed*
yemek	*to eat*	yenmek	*to be eaten*
silmek	*to wipe*	silinmek	*to be wiped*
bulmak	*to find*	bulunmak	*to be found*

Question: How do you know whether to use -**il** or -**in**?
Answer: Follow these rules.
- For most verbs, the ending is -**il**.
- For verb stems which end in a vowel, the ending is -**n**.
- For verb stems which end in **l**, the ending is -**in**.

Look at the following normal (or 'active') sentences and similar passive sentences:

Active sentence		Passive sentence	
Cüzdanı çaldı.	*He stole the purse.*	Cüzdan çalındı.	*The purse was stolen.*
Masayı siliyor.	*He's wiping the table.*	Masa siliniyor.	*The table's being wiped.*
Arabayı yıkayacak.	*He'll wash the car.*	Araba yıkanacak.	*The car will be washed.*

In the active sentences, note how **cüzdan**, **masa** and **araba** have direct object endings. Here they are the object of the verb. In the passive sentences they have no endings. Here they are the subject of the verb.

Here are some more examples of passive sentences:

Park saat sekizde kapanır. *The park closes at eight o'clock.*
Kağıt keresteden yapılır. *Paper is made from timber.*
Bu kilim ipekten yapılmış. *He says this carpet is made of silk.*

Rapor bugün bitirilmeli. *The report must be finished today.*

2 -in tarafından

In passive sentences, the equivalent of *by* is **tarafından**. For example:

"Hamlet" Şekspir tarafından yazıldı. *"Hamlet" was written by Shakespeare.*
Bu bina Türkler tarafından inşa edildi. *This building was built by Turks.*
Penisilin Alexander Fleming tarafından keşfedildi. *Penicillin was discovered by Alexander Fleming.*
Bu resim benim tarafımdan çizildi. *This picture was drawn by me.*

When you use personal pronouns with **tarafından**, you put a possessor ending on the pronoun and a possessed ending in the middle of **tarafından**. You only do this with personal pronouns – you do not put a possessor ending on nouns.

You should note that you do not commonly use a passive with **tarafından** unless you're talking about inventions, discoveries, or describing a process. You use a simple non-passive sentence instead. So you would not normally say **bu resim benim tarafımdan çizildi**, but instead you'd just say **bu resmi ben çizdim**.

3 Using the passive in signs

Turkish uses passive forms more than English does. In Turkey you see them all around you on signs. The following signs use the passive to state what goes on:

Tamir edilir.	*Repairs made.*
Döviz alınır.	*Foreign currency accepted.*
Kahvaltı verilir.	*Breakfast served.*
Garson alınacak.	*Waiter required. (literally Waiter will be taken.)*

The following signs use the passive to warn what won't, or shouldn't go on:

Girilmez.	*No entry. (literally It isn't entered.)*
Sigara içilmez.	*Smoking forbidden. (literally Cigarettes are not smoked.)*

4 What was going to happen

You know the Turkish future tense (**yapacağım** – *I am going to do*). To make the past future tense (**yapacaktım** – *I was going to do*), follow these steps:

Action	Example
Take the future form of the verb.	içeceğim
Remove the personal ending.	içecek
Add the past form of the verb *to be*.	içecektim

Here are some examples:

Ders çalışacaktım bu akşam, ama şimdi dışarı çıkıyorum.	*I was going to study tonight but now I'm going out.*
Sana telefon edecektim, ama numaranı kaybettim.	*I was going to telephone you but I lost your number.*

5 Reflexives (myself, yourself, etc.)

Kendi

Kendi means *self*. You use it with the possessed endings **-im**, **-in**, **-i**,

-imiz, **-iniz** and **-leri**. For example:

Kendim seçtim.	*I chose it myself.*
Kendine iyi bak.	*Look after yourself.*
Kendisi için aldı.	*He bought it for himself.*
Kendimizden nefret ettik.	*We hated ourselves.*
Kendinize bakın!	*Look at yourself!*
Kendilerini yakacaklar.	*They'll burn themselves!*

Note how you can add the **-i**, **-e**, **-den** and **-ile** endings to the **kendi** words.

To say *by myself* you say *self to myself*. For example:

Kendi kendime seçtim.	*I chose it all by myself.*
Kendi kendinize oynayın!	*Play by yourselves!*
Kendi kendine şarkı söylüyor.	*He's singing by himself.*

You can use **kendi** with possessed nouns to mean *my own, your own*, etc. For example:

Kendi arabamızı kullandık.	*We used our own car.*
Kendi yemeklerini yediler.	*They ate their own food.*

Grammar books call **kendi** the reflexive adverb.

Reflexive verbs

Reflexive verbs contain the idea of *myself, yourself, himself,* etc. You put the ending **-in** on a verb stem to make it reflexive. For example:

Normal verb		Reflexive form	
yıkamak	*to wash something*	yıkanmak	*to have a wash (to wash yourself)*
giymek	*to put on (clothes)*	giyinmek	*to get dressed (to dress yourself)*

The reflexive forms of some verbs have particular meanings. For example:

Normal verb		Reflexive form	
dinlemek	to listen	dinlenmek	to relax (literally to listen to yourself)
koymak	to put	konmak	to perch (literally to put yourself)
söylemek	to say	söylenmek	to mutter (to say to yourself)
taşımak	to carry	taşınmak	to move house (to carry yourself)

If you do not know whether the reflexive form of a verb has such a meaning, play safe and use **kendi** instead.

Reflexive or passive?

For some verbs, the reflexive form is exactly the same as the passive form! Thus, **taşınmak** might mean *to move house* or *to be moved* depending on whether it is intended to be passive or reflexive. Here are some other possibilities for confusion:

Verb	Passive meaning	Reflexive meaning
dinlenmek	to be listened to	to relax
görünmek	to appear, look	to see yourself
hazırlanmak	to be under preparation	to prepare yourself

The intended meaning is usually clear from the context.

6 Vocabulary building with -im, -in, -gi, -gin, -gen, -i

Turkish makes nouns and adjectives from verbs by adding various endings onto the verb stem.

Here are some verb stems plus **-im**:

Verb		Noun or adjective	
basmak	*to print, to stand on*	basım	*edition, printing*
bilmek	*to know*	bilim	*science*
doğmak	*to be born*	doğum	*birthday*
ölmek	*to die*	ölüm	*death*

Here are some verb stems plus **-in**:

Verb		Noun or adjective	
basmak	*to print, to stand on*	basın	*the press*
sormak	*to ask*	sorun	*problem, question*
tütmek	*to give out smoke*	tütün	*tobacco*
saymak	*to count*	sayın	*esteemed, dear (in letters)*

Here are some verb stems plus **-gin, -kin**:

Verb		Noun or adjective	
bilmek	*to know*	bilgin	*learned, scholar*
düşmek	*to fall*	düşkün	*addicted, devoted*
üzmek	*to hurt someone's feelings*	üzgün	*sad, sorrowful*
girmek	*to enter*	girgin	*sociable*

Here are some verb stems plus **-gen, -ken**:

Verb		Noun or adjective	
çalışmak	*to work*	çalışkan	*hard-working*
çekinmek	*to be wary, to be timid*	çekingen	*timid, hesitant*
unutmak	*to forget*	unutkan	*forgetful*

Here are some verb stems plus **-gi**:

Verb		Noun or adjective	
basmak	*to print, to stand on*	baskı	*newspaper circulation, oppression*
bilmek	*to know*	bilgi	*knowledge*
duymak	*to hear, to feel*	duygu	*feeling*
saymak	*to count*	saygı	*respect*

Here are some verb stems plus **-i**:

Verb		Noun or adjective	
saymak	*to count*	sayı	*figure, number*
dizmek	*to line something up*	dizi	*series*
sormak	*to ask*	soru	*question*
örtmek	*to cover*	örtü	*cover, blanket*

◢ —————————— **Alıştırmalar** ——————————

The key to these exercises is on page 252.

1 Fill in the gaps in the sentences below using the passive form (present or past) of one of these verbs:

çalmak değiştirmek göstermek kapamak keşfetmek
oynamak öğrenmek satmak uyandırmak yapmak

(a) Bisikletim yok oldu. Sanırım, _____.
(b) Ben dün gecenin ortasında komşular tarafından _____.
(c) Çarşaflar her hafta _____.
(d) Amerika Amerigo Vespući tarafından _____.
(e) Her okulda İngilizce _____.
(f) Pul postanede _____.
(g) Bu dükkan saat 8'de _____.
(h) Tüm dünyada futbol _____.
(i) Türk televizyonunda ćok Amerikan dizisi _____.
(j) Tereyağı sütten _____.

2 Test your knowledge of Turkish history.

(a) Modern Türkiye kim tarafından kuruldu?
(b) 1915 yılında Gelibolu'da kimlere karşı savaşıldı?
(c) Süleymaniye Camisi kim tarafından inşa edildi?
(d) İstanbul havalimanına kimin adı verildi?
(e) 1453 yılında İstanbul kim tarafından fethedildi?

kurmak	to establish, to found	**savaşmak**	to fight
Gelibolu	Gallipoli	**fethetmek**	to conquer

3 What do the following signs mean?

(a)
PAKET SERVİS YAPILIR

(d)
SAAT PİLİ TAKILIR

(b)
ŞEMSİYE SATILIR ve KİRAYA VERİLİR...

(e)
BURAYA İLAN YAPIŞTIRILMAZ

(c)
AYAK YIKANMAZ

(f)
BU BİNANIN DOĞALGAZA GEÇİŞİ YILDIRIM MÜHENDİSLİK TARAFINDAN YAPILMIŞTIR TEL:552 39 27

kiraya vermek *to rent out*	**bina** *building*
pil *battery*	**doğal** *natural*
ilan *poster, notice, advert*	**mühendislik** *engineering*
yapıştırmak *to stick something*	

4   It is April. Erol's daughter, Gonca, has found the piece of paper containing the New Year's resolutions he wrote four months previously. She's now confronting him with them. Fill in the gaps in the dialogue using sentences (i)–(vi) below.

Gonca   Benimle daha çok oynayacaktın. Oynamıyorsun.
Erol   _____(a)_____
Gonca   Daha erken eve dönecektin.
Erol   _____(b)_____
Gonca   On kilo verecektin. Vermedin.
Erol   _____(c)_____
Gonca   Daha yavaş araba sürecektin, ama hâlâ hızlı gidiyorsun.
Erol   _____(d)_____
Gonca   Sigarayı bırakacaktın. Hâlâ içiyorsun.
Erol   _____(e)_____
Gonca   Hakan ile benim önümüzde küfür etmeyecektin.
Erol   _____(f)_____
Gonca   Bu kadar.
Erol   Tamam. Ya sen? Doğru hatırlarsam, sen televizyon seyretmeyecektin, akşamları ders çalışacaktın, okula geç kalmayacaktın ...

 (i) Acelem var. Ne yapayım?
 (ii) Özür dilerim. Gelecek hafta sonu bir şey yapalım beraber. Ne dersin?
 (iii) Bir kaç gün bıraktım, ama hep çok sinirliydim.
 (iv) Bürodan erken çıkamadım. Çok işim var bugünlerde.
 (v) Unuttum. Yarın rejime başlayacağım.
 (vi) Kızdırma beni o zaman. Kızdığım zaman ediyorum.

sinirli *irritable*	**rejim** *diet*
bugünlerde *these days*	

5 Read the following month-by-month description of a capital city's climate. Which city is it?

Ocak   Kar yağışı olabilir ama bir kaç günden fazla tutmaz. En soğuk aylardan biridir. Sıcaklık 2 ile 6 derece arasında değişir.

Şubat   Soğuk bir aydır, kar yağışı olabilir. Sıcaklık 2°c ile 7°c arasında değişir.

Mart   Güneşli, soğuk ve yağmurlu bir aydır. Sıcaklık 3 ile 10 derece arasında değişir.

Nisan   Hava biraz daha ısınır. Güneşli ve yağmurludur. Sıcaklık 6 ile 13 derece arasında değişir.

Mayıs   Yağmurlu ama güneşli bir aydır. Sıcaklık 8 ile 17 derece arasında değişir.

Haziran   Yağmurlu olabilir. Sıcaklık 12 ile 20 derece arasında değişir.

Temmuz   Genellikle güneşlidir. Yağmur beklenebilir. Sıcaklık 13°c ile 22°c arasında değişir.

Ağustos   En sıcak aydır, genellikle güneşlidir ama yağmur yağdığı da olur. Sıcaklık 14 ile 23 derece arasında değişir.

Eylül   Yağmurludur. Ayın sonuna doğru ısı düşer. Sıcaklık 11 ile 19 derece arasında değişir.

Ekim   Yağmurludur. Sıcaklık 8 ile 14 derece arasında değişir.

Kasım   Oldukça yağmurlu ve sisli geçer. Sıcaklık 5°c ile 10°c arasında değişir.

Aralık   Soğuk ve kapalıdır. Sıcaklık 4 ile 7 derece arasında değişir.

kar yağmak *to snow*		**kapalı** *grey* (literally *closed*)	
derece *degree*		**-e doğru** *towards*	
genellikle *generally*		**ısınmak** *to warm up*	
yağmur yağmak *to rain*		**sis** *fog, mist*	
oldukça *quite*			

6 Read this job application. Then, guessing from the context of the letter, match the words below to their meanings.

---

8 Ağustos 1996

Arsen Metal Sanayii
Personel Müdürlüğü
Arçelik Cad. No. 56
Esentepe/İstanbul

Sayın Yetkili,

Size gazetedeki ilanınız üzerine yazıyorum.

1960 İstanbul doğumluyum. 1983 yılında İstanbul Teknik Üniversitesi Elektrik Mühendisliği bölümünü bitirdim. Haziran 1983–Mayıs 1985 yılları arasında beyaz eşya sektöründe pazarlamacı olarak çalıştım, daha sonra askerlik görevimi yaptım.

1987 yılından beri büyük bir pazarlama bölümünde çalışmaktayım. Bu dönem içerisinde pazarlama seminerlerine katılıp, Amerikan Kültür Derneği'ndeki İngilizce kurslarına da devam ettim. İyi derecede İngilizce biliyorum. Boş zamanlarımda spor yapmayı ve kitap okumayı severim.

Sahip olduğum özelliklerle firmanıza yardımcı olabileceğimi umarak bilgilerinize sunarım.

Saygılarımla,

Cevdat Ülker

(a) beyaz eşya   (i) *department*
(b) bölüm   (ii) *industry*
(c) dernek   (iii) *salesman, marketing expert*
(d) dönem   (iv) *engineering*
(e) ilan   (v) *notice, advertisement*
(f) katılmak   (vi) *period*
(g) mühendislik   (vii) *society, association*
(h) pazarlamacı   (viii) *to join, to participate in*
(i) sanayi   (ix) *to offer, to present, to submit*
(j) sunmak   (x) *'white goods' – fridges, cookers, etc.*

7 Translate this sign using a dictionary.

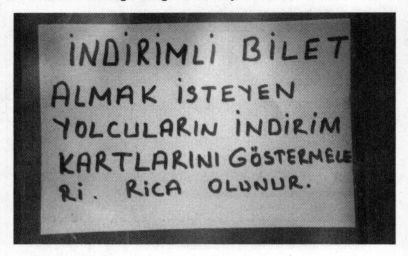

İNDİRİMLİ BİLET
ALMAK İSTEYEN
YOLCULARIN İNDİRİM
KARTLARINI GÖSTERMELE
Ri. RİCA OLUNUR.

─────────── **Konuşma 2** ───────────

The next morning – the morning after their night out – İvan is asleep in his hotel room. Atilla phones him from the hotel lobby.

İvan	Alo?
Atilla	Günaydın. Ne var ne yok?
İvan	Uyuyordum. Saat kaç?
Atilla	Sekiz. Nasılsın?
İvan	Berbat. Başım çok fena. Ya sen?
Atilla	Ben iyiyim. Senin kadar içmedim.
İvan	Keşke ben de daha az içseydim!
Atilla	Keşke! Hadi, kalkman lazım. Toplantı bir buçuk saat sonra başlıyor.
İvan	Of!
Atilla	Aşağıdayım, restoranda. Sana bir kahve ısmarlayayım. Nasıl içersin?
İvan	Çok koyu olsun. İki şekerli.
Atilla	İki de aspirin.
İvan	İyi olur.

Atilla Tamam. Bekliyorum. Hadi.
İvan Geldim.

berbat *terrible*		**sadece** *only*
senin kadar *as much as you*		**aşağıda** *downstairs*
keşke *if only, I wish*		**ısmarlamak** *to order*
keşke daha az içseydim *I wish I'd*		**iyi olur** *that'd be nice*
drunk less		**geldim** *I'm on my way*

YENİ **ASPİRİN**® *forte*

Daha güçlü ağrı kesici

BAYER

16
FİYATLARI BİLSEYDİM
— ORADA YEMEZDİK —

In this lesson you will learn how to

- say what you would do in an unlikely situation
- say what you would have done if things had been different
- express regret
- build new vocabulary using specific word endings

Konuşma

Jülide's neighbours, Çetin and Özdem, have recently been on holiday
with their children. She has just bumped into Çetin.

Jülide   Tatiliniz nasıldı, nerede geçirdiniz?
Çetin   Çok güzeldi. Bir hafta Avşa Adası'nda kaldık.
Jülide   Neyle gittiniz? Vapurla mı?
Çetin   Deniz otobüsüyle. Yol sadece üç saat sürdü. Eğer vapurla
gitseydik iki kat uzun sürerdi. Deniz otobüsü çok daha
pahalı ama çocuklar için daha iyi.
Jülide   Nerede kaldınız?
Çetin   Plajdaki bir otelde. Çocuklar için orayı seçtik. Onlar bütün
gün plajda oynadılar. Daha serin olsaydı Özdem'le ben de
plaja giderdik ama hava çok sıcaktı. Biz plaja bakan balko-
numuzda oturup dinlendik.
Jülide   Oralarda gezdiniz mi hiç?
Çetin   Çocuklar daha büyük olsaydı gezerdik. Ama henüz

	küçükler. Sabah kalkar kalkmaz plaja gidip bütün gün kumla oynadılar. Bayılıyorlar.
Jülide	Özdem'in doğum günü için ne yaptınız?
Çetin	Balık lokantasına gittik. Fiyatları sormadan meze olarak karides, ıstakoz, midye falan ısmarladım. Ondan sonra hepimiz balık yedik. Şarap, kola, rakı falan içtik. Çok güzeldi ama hesabı görünce şok oldum! Fiyatları bilseydim orada yemezdik. Yanımda yeterince para yoktu. Yarısını bile ödeyemedim! Özdem'e çaktırmadan, patronla konuştum ve ertesi sabah para alıp restorana götürdüm.
Jülide	Özdem fark etmedi mi?
Çetin	Fark etmedi. Hesabı görseydi, beni öldürürdü vallahi!

ada *island*	**sormadan** *without asking*
gitseydik *if we had gone*	**ıstakoz** *lobster*
iki kat uzun *twice as long*	**midye** *mussels*
vapurla gitseydik iki kat uzun	**ısmarlamak** *to order*
sürerdi *if we had gone by ferry it*	**hepimiz** *all of us*
would have taken twice as long	**fiyatları bilseydim orada yemezdik**
daha serin olsaydı plaja giderdik	*if I'd known the prices we wouldn't*
if it had been cooler we would have	*have eaten there*
gone to the beach	**yanımda** *on me*
oralarda *around there*	**yarısı** *half of it*
çocuklar daha büyük olsaydı	**bile** *even*
gezerdik *if the children had been*	**-e çaktırmak** *to let someone know*
older we would have toured	**Özdem'e çaktırmadan** *without let-*
henüz *still*	*ting Özdem know*
kalkar kalkmaz *as soon as they*	**ertesi sabah** *the next morning*
woke up	**hesabı görseydi, beni öldürürdü**
-a bayılmak *to love doing*	*if she had seen the bill she would*
something (literally: *to faint*)	*have killed me*
bayılıyorlar *they love it*	**yüzünden** *because of*

Sorular

Doğru mu, yanlış mı?

1 Çetin'le Özdem fiyat yüzünden deniz otobüsüyle gittiler.
2 Plajdaki bir oteli çocuklar küçük olduğu için seçtiler.
3 Özdem'in doğum gününde gittikleri yer iyi değil.
5 Çetin hesabı ödeyemediği için restoranın patronuyla konuştu.

(The answers are on page 252.)

✳ **Notlar**

Deniz otobüsü

For local sea travel, there are two forms of transport – the relaxing traditional steam ferries called **vapur**, and modern high-speed ferries called **deniz otobüsü**.

 ──────── **Dilbilgisi** ────────

1 The second and third conditional

In Unit 10 you learned about the present tense *if* verb endings (**-sem, -sen -se, -sek, -seniz** and **-seler**). You make these endings by combining **-se-** and the present tense of the verb *to be*.

You can make a second list of *if* endings *if* you combine **-se-** with the past tense of the verb *to be*. You then add these endings to the stems of verbs, for example:

gel**seydim**
yap**saydın**
iste**seydi**
otur**saydık**
gör**seydiniz**
aç**saydılar**

You use this form for two different purposes, 'unlikely' conditionals and past conditionals.

Unlikely conditionals

These are used to talk about things that won't (or probably won't) happen. Grammar books sometimes call this form the 'unreal' conditional. Others just call it the second conditional.

Here are some examples of 'unreal' *if* sentences:

Yerinde olsaydım giderdim.	*If I were you, I would go.*
Yerimde olsaydın ne yapardın?	*If you were me, what would you do?*
Yardım etseydi işimiz kolay olurdu.	*If he helped, our work would be easier.*
İsteseydik yardım ederdi.	*If we asked, he would help.*
Dikkat etseydiniz daha çok öğrenirdiniz.	*If you paid attention, you would learn more.*
Gelebilseydiler memnun olurdum.	*If they could come, I would be happy.*

You should note that the verbs in the second half of the Turkish sentences are in the *used to* tense. When you find them in an unreal conditional like this, you should not translate them as *used to do*. Instead they mean *would do*.

Question: What's the difference between **gelirsen memnun olurum** (*if you come I'll be happy*) and **gelseydin memnun olurdum** (*if you came I'd be happy*)?
Answer: The first sentence simply states what will happen in a certain situation. It offers no opinion as to whether that situation will occur

or not. The second one suggests there is doubt about whether that
situation will happen.

Past conditionals

This form is used to talk about what might have happened in the past.
Some grammar books call this the third conditional. For example:

Yerinde olsaydım giderdim	*If I had been you, I would have gone.*
Yerimde olsaydın ne yapardın?	*If you had been me, what would you have done?*
Yardım etseydi işimiz kolay olurdu.	*If he had helped, our work would have been easier.*
İsteseydik yardım ederdi.	*If we had asked, he would have helped.*
Dikkat etseydiniz daha çok öğrenirdiniz.	*If you had paid attention, you would have learned more.*
Gelebilseydiler memnun olurdum.	*If they had been able to come, I would have been happy.*

Whether you translate these sentences as an unlikely conditional or a
past conditional depends on the context. In the dialogue at the begin-
ning of this unit, when **Çetin** says **gitseydik, olsaydı, bilseydim**
and **görseydi**, it is clear from the context that he is talking about the
past, and not about the improbable future.

2 Keşke

When expressing regrets, the Turkish equivalent of *if only . . .* or *I
wish . . .* is **keşke**. You use it together with the past conditional form
of verbs. Here are some examples:

Keşke gitmeseydin.	*I wish you hadn't gone.*
Keşke daha güzel olsaydım!	*If only I were prettier!*
Keşke hiç tanışmasaydık!	*I wish we had never met!*

3 Yapar yapmaz

To say the equivalent of *as soon as*, you use the positive and negative
forms of the **-r** present tense one after the other. For example:

Eve gelir gelmez banyo yapacağım.	*I'll have a bath the minute I get home.*
Ben işime gelir gelmez telefon çalmaya başlar.	*As soon as I get to work the phone starts ringing.*
Telefon çalar çalmaz cevap ver!	*Answer straight away when the telephone rings!*
Postaneyi geçer geçmez sağa dön.	*(As soon) as you pass the post office, turn right.*

4 Vocabulary building with -mez, -ç, -gıç, -ik, -ek, -it, -ıntı

Turkish makes nouns and adjectives out of verbs by adding various endings onto the verb stem.

Here are some verb stems plus **-mez**:

Verb		Noun or adjective	
inanılmak	*to be believed*	**inanılmaz**	*unbelieveable*
görünmek	*to be seen, to appear*	**görünmez**	*unforeseen, invisible*
değişmek	*to change*	**değişmez**	*stable, unchanging*
utanmak	*to be ashamed*	**utanmaz**	*shameless, impudent*

Here are some verb stems plus **-ç**:

bilinmek	*to be known*	**bilinç**	*the conscious mind*
kazanmak	*to earn, to win*	**kazanç**	*profit, gain*
kıskanmak	*to be jealous*	**kıskanç**	*jealous*
utanmak	*to be ashamed*	**utanç**	*shame, embarrassment*

Here are some verb stems plus **-gıç**:

başlamak	*to start*	**başlangıç**	*the start*
bilmek	*to know*	**bilgiç**	*a big-head*
dalmak	*to dive*	**dalgıç**	*diver*

Here are some verb stems plus **-ik**:

uyanmak	*to wake up*	**uyanık**	*alert, awake*
bozmak	*to destroy*	**bozuk**	*broken, small change*
karışmak	*to mix*	**karışık**	*mixed, confused*
öksürmek	*to cough*	**öksürük**	*cough*

Here are some verb stems plus **-ek**:

kaçmak	*to run away*	**kaçak**	*fugitive*
konmak	*to alight, to perch*	**konak**	*mansion, stopping place*
sinmek	*to pervade, cower*	**sinek**	*housefly*
uçmak	*to fly*	**uçak**	*airplane*

Here are some verb stems plus **-it**:

anmak	*to remember, commemorate*	**anıt**	*monument*
geçmek	*to pass*	**geçit**	*mountain pass, passageway*
konmak	*to alight, to perch*	**konut**	*residence*
taşımak	*to carry*	**taşıt**	*vehicle*

Here are some verb stems plus **-inti**:

akmak	*to flow*	**akıntı**	*current*
çıkmak	*to come out*	**çıkıntı**	*projection*
söylenmek	*to mutter, grumble*	**söylenti**	*rumour*
süpürmek	*to sweep*	**süprüntü**	*rubbish*

 ———————— **Alıştırmalar** ————————

The key to these exercises is on page 252.

1 Match items from the two lists below in order to make the most meaningful sentences.

(a) Sen ondan bir haber   (i) servis yapın.
     alır almaz
(b) Babası gider gitmez   (ii) bana telefon edip bildirir misin?
(c) Kendi işinizi bitirir bitirmez (iii) aşık oldu.
(d) Romeo, Juliet'i görür görmez (iv) bebek ağlamayı bıraktı.
(e) Yemeği ocaktan alır almaz   (v) bana yardım etmelisiniz.

2 Semra is a real misery. Below are a list of her regrets about the present and the past. Fill in each gap in the sentences below with the correct form of one of the verbs from this list.

davranmak dinlemek doğmak evlenmemek konuşabilmek
olmak seçmek seyretmemek

(a) Keşke daha zeki _____ .
(b) Keşke gençken kardeşime daha iyi _____ .
(c) Keşke saçlarım sarı _____ .
(d) Keşke eşimle _____ .
(e) Keşke dün gece terör filmi _____ .
(f) Keşke başka bir meslek _____ .
(g) Keşke babamın öğütlerini _____ .
(h) Keşke İngilizceyi bir İngiliz gibi _____ .

-e davranmak	to treat, handle someone	zeki	clever, intelligent
		öğüt	advice

3 Complete this personality test and see if you agree with what it says about you in the key at the back of the book.

İnsanlarla nasıl geçiniyorsunuz? Geçimli mi yoksa geçimsiz misiniz? Aşağıdaki dört durum için kendinize en uygun cevabı seçin. Bunu yaptıktan sonra, anahtara bakın.

(a) Bir şarap şişesini açamasaydınız ne yapardınız?
    (i) Başka bir şişe açardım.
    (ii) Şişenin mantarını içeri iterdim.
    (iii) Şişenin ağzını kırardım.
    (iv) Bıçakla mantarı kesmeye çalışırdım.
(b) Çok istediğiniz bir şeyi gerçekleştiremeseydiniz ne yapardınız?
    (i) Sinirden köpürürdüm.
    (ii) Başka bir şey yapmaya çalışırdım.
    (iii) Elde etmek için daha çok çalışırdım.
    (iv) Sabırlı davranırdım.
(c) Polisten saklanmak isteyen birisi kapınızı çalsaydı ne yapardınız?
    (i) Hemen polise telefon ederdim.
    (ii) Ona dostça elimi uzatırdım.
    (iii) Kapıyı yüzüne kapardım.
    (iv) Para vererek yardım ederdim.

(d) İşleriniz kötü gitseydi ne yapardınız?
   (i) Olayları hiç düşünmezdim.
   (ii) Kendime güvenim sonsuz olurdu.
   (iii) İnatçılık yapardım.
   (iv) Bana yardım edecek birini bulurdum.

geçinmek (ile) *to get on with*	**sinderden köpürmek** *to hit the*
geçimli *easy to get on with*	*roof, to foam with anger*
geçimsiz *difficult to get on with*	**elde etmek** *to obtain, to achieve*
durum *situation*	**sabırlı** *patient*
uygun *suitable*	**davranmak** *to behave, to act*
seçmek *to choose*	**saklanmak** *to hide oneself*
mantar *cork, mushroom*	**birisi** *someone*
itmek *to push*	**uzatmak** *to extend, to stretch*
gerçek *real*	**olay** *event, occurrence*
gerçekleşmek *to come true*	**güven** *trust*
gerçekleştirmek *to realise, to*	**sonsuz** *endless*
make come true	**inatçılık** *stubborness*
köpürmek *to foam, to foam at*	
the mouth	

4 Match items from the two lists below in order to make the most meaningful questions and answers.

(a) Eğer milli piyango   (i) Afrika'da safari yapardım.
kazansaydınız ne yapardınız?

(b) Başbakan olsaydınız ne   (ii) Dairemi satmam gerekirdi.
yapardınız?

(c) Eğer istediğiniz yerde tatil (iii) Bodrum'da lüks bir villa alıp,
yapabilseydiniz nereye   üstünü bankaya yatırırdım.
giderdiniz?

(d) Şefinizin yerinde olsaydınız (iv) Onlara daha çok para ve daha
işçilerinize nasıl   uzun izin verirdim.
davranırdınız?

(e) Eğer tüm paranızı   (v) Onu geri kazanmaya
kaybetseydiniz nasıl   çalışırdım.
geçinirdiniz?

(f) Eşiniz sizi terk etseydi ne (vi) Sarhoş olup arkadaşlarıma
yapardınız?   telefon ederdim.

(g) İki saat sonra dünyanın (vii) Aptal sorularınızı cevaplamayı
sonunun geleceğini   bırakırdım.
öğrenseydiniz ne yapardınız?

(h) Burnunuza yumruk   (viii) Vergileri azaltırdım.
atsaydım ne yapardınız?

milli piyango *national lottery*	**cevaplamak** *to answer*
başbakan *prime minister*	**daire** *flat, apartment*
tüm *entire*	**üstü** *change, left-over money*
geçinmek *to get by*	**yatırmak** *to deposit*
terk etmek *to leave, to abandon*	**izin** *holiday, leave*
yumruk atmak *to punch*	**aptal** *silly, stupid*
azaltmak *to reduce*	**vergi** *tax*

5   Read this passage, then say whether the statements which follow are true or false.

Kasimir Rubolowski, Polonya'da doğdu. Kalbi resim sanatı için çarpan idealist bir ressamdı. Maceracı değildi. Gençliğinde, 1 Eylül 1939'da, İkinci Dünya Savaşı başladı. Rubolowski yurdundan ayrıldı ve Romanya'da ve İtalya'da çalıştıktan sonra 1942'de İstanbul'a yerleşti. O sırada hiç Türkçe bilmemesi bir problem yaratmadı. İlk tanıdığı kişi, ünlü sanat tarihçisi Celal Esat Arseven oldu. Arseven, Rubolowski'deki renkli sanat alevini hemen sezdi ve bu genç ressamı, kendi çevresinde, Kadıköy'de bir eve yerleştirdi.

Rubolowski, İstanbul'da portre ve doğa resimleri yaparak işe başladı. Yaptığı ilk portreler arasında ünlü entelektüeler vardı. Rubolowski, daha sonra Beyoğlu'na taşındı. Burada, kendi ülkelerinden kaçarak Türkiye'ye sığınan, Nicola Kalmikof ve A. Safiyef ile tanıştı. Bu üç mülteci ressam iyi arkadaş oldular. Rubolowski Çingene resimleri, doğadan tablolar ve İstanbul'un camilerini fon olarak kullanan resimler yaptı. Beyoğlu'nda özel bir resim okulu açtı.

1950 yıllarında Rubolowski Amerika'ya davet edildi. Orada kaldığı yıllarda çoğu tanınmış kişilerin portrelerini yaptı. Amerikan uyruğuna geçmesi için teklifleri kabul etmedi çünkü kazandığı Türk uyruğunu kaybetmek istemedi.

Amerika'dan sıkıldıktan sonra, Fransa'ya yerleşip Nice'de de özel resim okulu açtı. Bundan sonra, uzun yıllar İsviçre'de yaşadı. Cenevre'deki galeriler Rubolowski'nin tüm Avrupa'da tanınmasını sağladı. Polonya'nın kurtuluşundan sonra, Rubolowski her yıl anavatanı olan Polonya'ya gidip oradaki resim çalışmalarını sürdürdü. Zaman zaman İstanbul'u ziyaret eden ressam, Türkiye'yi de unutmamıştı ve en sonunda Türkiye'ye yine dönüp yerleşti.

Doğru mu, yanlış mı?

(a) İkinci Dünya Savaşı başlamasaydı Rubolowski Polonya'da kalırdı.

(b) Romanya'ya ve İtalya'ya gitmeseydi ressam olmazdı.

(c) Rubolowski, Celal Arseven'le tanışmasaydı Kadıköy'e yerleşmezdi galiba.

(d) Polonya, Rubolowski'nin anavatanı olmasaydı o kadar sık oraya gitmezdi.

(e) Zaman zaman İstanbul'u ziyaret etmeseydi Türkiye'yi unuturdu.

kalp *heart*	**sığınmak** *to take refuge, to shelter*
sanat *art*	
çarpmak *to hit, to knock, to beat*	**mülteci** *refugee*
ressam *painter, artist*	**Çingene** *gipsy*
maceracı *adventurous, adventuresome*	**fon** *background, setting*
gençlik *youth*	**davet etmek** *to invite*
dünya *world*	**tanınmış** *well-known, famous*
savaş *war*	**uyruk** *citizen*
yurt *country*	**kabul etmek** *to agree (to)*
yaratmak *to create*	**sıkılmak (-den)** *to be tired of*
tarihçi *historian*	**sağlamak** *to ensure, to guarantee*
renkli *colourful*	**kurtuluş** *freedom, liberation*
alev *flame, flare*	**anavatan** *home country, motherland*
sezmek *to sense, to perceive*	
çevre *surroundings*	**sürdürmek** *to continue, to keep on*
portre *portrait*	

6 Which of these traffic signs do the descriptions below refer to?

(a) Genişliği iki buçuk metreden fazla olan taşıt giremez.

(b) Girişi olmayan.

(c) İleri mecburi yön.

(d) Karşıdan gelene yol ver.

(e) Sağa dönülmez.

(f) Sağa mecburi yön.

(g) Sola ve ileri mecburi yön.

(h) U dönüşü yapılmaz.

(i) Yol ver.

(j) Yüksekliği üç buçuk metreden fazla olan taşıtlar giremez.

gümrük *customs*		**taşıt** *vehicle*	
geniş *wide*		**yön** *direction*	
mecbur *compulsory*		**yüksek** *high*	

7 Read this description of Sinop using a dictionary.

NASIL GİDİLİR?

Sinop'a İstanbul, Ankara, İzmir gibi büyük şehirlerden çok ve sık karşılıklı otobüs seferleri var. Öte yandan Sinop'a deniz yoluyla da ulaşmanız mümkün. Eğer kendi aracınızla gitmeyi düşünüyorsanız ve İstanbul'dan gidecekseniz, ya E-5 otoyolunu, ya da ücretli otobanı tercih etmek zorundasınız.

NEREDE KALINIR?

Sinop'ta kalabileceğiniz çok sayıda otel ve motel var. Ancak biz öncelikle deniz kenarındaki Melia Kasım Oteli'nde konaklamanızı ve eşsiz Sinop manzarasının keyfini çıkarmanızı öneririz. Eğer Gerze'de konaklamak isterseniz, Köşkburun tesislerinde dalgaların sesini dinleyerek sakin bir tatil geçirebilirsiniz.

Konuşma 2

Shortly after speaking to Çetin, Jülide meets Çetin's wife, Özdem. They are talking about the same holiday.

Özdem Tatilimiz çok güzeldi. Deniz masmavi, hava tertemizdi. Keşke bir kaç gün daha kalsaydık.

Jülide Bu sabah Çetin'le konuştuk. O da çok sevmiş.

Özdem Sevdi. Bak, çok komik bir hikâye anlatayım sana. Doğum günüm için balık lokantasına gittik. Çetin hep pahalı şeyler ısmarladı. Yiyip içip eğlendik. Akşamın sonunda hesap gelince, Çetin'in yüzü bembeyaz oldu! Gülmemeye çalıştım. Keşke görebilseydin! Yeterince parası yoktu zannediyorum! Halini görseydin gülerdin.

Jülide Peki sonra ne oldu?

Özdem Bana hiçbir şey söylemedi, ama patronla konuşmaya gitti galiba.

Jülide Patron ona bulaşık yıkattı mı dersin?

Özdem Güldürme beni. Ertesi sabah Çetin yarım saat yok oldu. Hesabı o zaman ödedi herhalde. Sormak istemedim. Çok komik!

Çetin'le konuştuk	*I talked to Çetin*	**keşke görebilseydin**	*I wish you could have seen it*
hikâye	*story*		
gülmemeye çalıştım	*I tried not to laugh*	**zannetmek**	*to reckon, to think*
		yıkatmak	*to make someone wash*

KEY TO
THE EXERCISES

Introduction to the Turkish language
Vocabulary building   denizci

The alphabet and pronunciation
The alphabet **1**   Q, W, X **2**   Çç, Ğğ, Iı, Öö, Şš, Üü **3**   Aa, Ee, Iı, İi, Oo, Öö, Uu, Üü

Unit 1
Sorular 1 var **2** yok **3** yok **4** var
Alıştırmalar 1   e, d, a, g, c, b, f **2**   (a) mu (b) mi (c) mı (d) mı (e) mü (f) mi (g) mü (h) mu **3**   (a) doğru (b) yanlış (c) doğru (d) doğru (e) yanlış **4** (a) iv (b) ii (c) i (d) iii (e) v   **5**   bir, iki, üç, dört, beş, altı, yedi, sekiz, dokuz, on **6**   (a) -lar (b) -lar (c) -ler (d) -lar (e) -ler (f) -ler (g) -ler (h) -lar **7**   (a) Sıcak değil. (b) Evet, büyük. (c) Beyaz değil. (d) Evet, Amerikan. (e) Küçük değil. (f) Evet, Türk. **8** (a) yes, no, morning (b) no, yes, any time (c) yes, yes, evening (d) no, yes, late night (e) yes, yes, morning or early afternoon (f) yes, no, any time (g) yes, no, any time **9**   güzel, iyi, boş, sıcak, soğuk, kolay, Amerikan, İngiliz

Unit 2
Sorular 1 evet **2** evet **3** [your name] **4**   hayır (not yet!) **Alıştırmalar 1**   (a) vi (b) i (c) iv (d) viii (e) vii (f) v (g) iii (h) ix (i) ii (j) vii **2**   (a) siz (b) ben (c) o or onlar (d) biz (e) sen **3**   (a) iii (b) ii (c) i (d) v (e) iv **4**   (a) Ben müzisyenim. (b) Biz memnunuz. (c) Sen profesörsün. (d) Siz Almansınız. **5**   (a) ayran – the rest are hot drinks (b) ayran – the rest are alcoholic drinks (c) onaltı – the rest are odd numbers (d) Tokyo – the rest are countries (e) turist – the rest are professions **6**   (a) Saçım yok. (b) Evim küçük. (c) Arabam Rover. (d) Eşim Türk. (e) Türkçem iyi. (f) İşim ilginç. **7**   (a) the police emergency line (b) a chemist's (c) a hospital (d) the 'Atrium' branch of Emlak Bank (e) the telephone fault helpline (f) the

'sea bus' terminal at Bakırköy **8**
(a) sen (b) siz (c) siz (d) siz (e) sen (f)
siz (g) sen **9** oniki, on, beş, sekiz,
yarım, kırk, yirmi, yüz, milyar, sıfır

Unit 3

Sorular 1 Hayır, beyaz. **2**
Evet, cacık soğuk meze. **3** Evet,
çok. **4** Hayır, kırmızı değil.
Alıştımalar 1 c, b, a, e, f, d **2**
(a) Paris'ten (b) bende (c) cacıkta (d)
güneşte (e) restorana (f) pansiyondan
(g) İzmir'e (h) masaya (i) bana (j)
sizden **3** (a) v (b) ii (c) vi (d) i (e) iv
(f) iii **4** (a) iki (b) Masada (c) Rafta
(d) Kedi ve kitaplar var. (e) Ali ve
Gül. (f) Evet, mutlu. **5** (a) iv (b) vi
(c) iii (d) ii (e) i (f) v **6** (a) lokanta
(b) pansiyon (c) otel (d) bakkal (e)
pansiyon **7** (a) i (b) v (c) iv
(d) iii (e) ii **8** (a) üçyüzellialtı
(b) binaltıyüzaltmışiki
(c) yediyüzkırksekiz
(d) dokuzyüzaltmışbir
(e) binüçyüzonsekiz **9 Voiced:** b, c,
d, g, j, l, m, n, v, y, z; **Unvoiced:** ç, f,
h, k, p, r, s, ş, t **10** (a) ş – j (b) ç – c
(c) f – v (d) k – g (e) p – b (f) s – z (g) t
– d **11** Avşa and Tekirdağ are
proper nouns. Fabrika and halk are
not. **12** (a) sağ and yaya (b) At the
right turning, give way to
pedestrians.

Unit 4

Sorular 1 hayır **2** hayır **3**
yeşil **4** kırk milyon
Alıştırmalar 1 (a) yazıyorum (b)
oturuyorum (c) içiyorum (d) geçiyor
(e) gidiyorum (f) istiyorum **2** d, b,
h, i, g, c, e, a, f **3** (a) Ekmekçi
ekmek pişiriyor. (b) Kitapçı kitapları

satıyor. (c) Halıcı kilimleri satıyor.
(d) Futbolcu spor yapıyor. (e)
Müzisyen piyano çalıyor. **4** (a)
Hayır. (b) Sıraselviler Caddesi. (c)
İstiklal Caddesi. (d) Taksim
Meydanı'na. **5** (a) Bu restoranın
yemekleri tatsız. (b) Finlandiya'nın
başkenti Helsinki. (c) Bu odanın
tuvaleti kirli. (d) İstanbul'un yolları
kalabalık. (e) Kızımın saçları sarı. (f)
Amerikalıların dili İngilizce. **6** (a)
Timur (b) Ahmet'in (c) Didem (d)
Timur (e) Süleyman (f) iki (g) evet (h)
üç (i) hayır (j) Süleyman **7** Yedi
kişi – Ayşe, Timur. İlknur, Nilgün,
Necla, Pınar ve Didem. **8** (a) ii (b)
viii (c) iv (d) iii (e) vii (f) v (g) vi (h) i
9 bira, cacık, ekmek, kavun,
patlıcan, salata, su, süt, şarap,
yumurta

Unit 5

Sorular 1 doğru **2** doğru
3 doğru **4** yanlış
Alıştırmalar
1 (a) vii (b) vi (c) ii (d) iii (e) iv (f) v
(g) i (h) x (i) viii (j) ix **2** (a) Türk
kahvesi (b) domates çorbası (c)
Hilton Oteli (d) otobüs durağı (e)
fotoğraf makinesı (f) müzik kaseti
3 (a) David'in (b) yemeğim (c)
İrlanda'nın (d) Annesi (e) arabanız
4 (a) i and ii (b) ii (c) ii and iii (d)
all (e) ii and iii (f) ii **5** (a) vi (b) ii (c)
i (d) v (e) iii (f) iv **6** (a) Çöp kutusu
(b) çöpler (c) the s and n in kutusuna
(d) Throw rubbish into the rubbish
bin. **7** Three – Kültür Bakanlığı,
Efes Müzesi and giriş bileti. There
are also two sets of initials which
stand for compound nouns: TC=Türk
Cumhuriyeti, and TL=Türk Lirası.
8 (a) saat sekizde (b) yedi buçukta

(c) bir saat (d) saat dokuzda (e) saat yarım (f) iki saat (g) saat üç **9** (a) Yusuf'u (b) Nilgün (c) Hakan (d) Yusuf'a (e) Yusuf (f) Hakan'dan ve Nilgün'den **10** (a) ii (b) iv (c) vi (d) i (e) vii (f) iii (g) v

Unit 6

Sorular 1 Restorana gidiyorlar. 2 Çünkü erken yatmak istiyor. 3 Dolmuşla 4 Otogarda, danışma bürosunun önünde.

Alıştrmalar 1 (a) hayır (b) evet (c) evet (d) evet (e) hayır (f) Şemsiyenin üstünde (g) Şemsiyenin arkasına (h) evet (i) Gazete ve kitabın yanında (j) kova ile kremin arasında 2 (a) ii (b) iii (c) iv (d) i 3 (a) i (b) v (c) vii (d) iii (e) ii (f) iv (g) ix (h) vi (i) viii 4 (a) yanlış (b) yanlış (c) doğru (d) doğru (e) yanlış 5 (a) Üçü on geçiyor. (b) Bire yirmibeş kala. (c) Onikiyi çeyrek geçe. (d) Dörde çeyrek var. (e) Onikiyi çeyrek geçe. (f) Altıya beş var. (g) Yediyi beş geçe. (h) Onbiri çeyrek geçiyor. (i) Onikiyi yirmibeş geçiyor. (j) İkiye yirmi kala. 6 (a) altı (b) bir saat kırk dakika (c) evet (d) onikiyi on geçe (e) bire on kala (f) iki saat onbeş dakika (g) Saat üçe çeyrek kala (h) saat sekizde ve saat biri yirmi geçe (i) saat altıya çeyrek kala 7 Erol: a, c, f, h, j, k. Gonca: b, d, e, g, i 8 (a) vii (b) iii (c) ii (d) v (e) vi (f) i (g) iv 9 (a) kardeşimle (b) uçakla (c) Londralı (d) onunla (e) arabayla (f) yağmurlu (g) bizimle 10 pazartesi, salı, çarşamba, perşembe, cuma, cumartesi, pazar

Unit 7

Sorular 1 doğru 2 doğru

3 yanlış 4 yanlış

Alıştırmalar 1 (a) iii (b) iv (c) i (d) ii (e) v 2 (a) kapalıdır (b) yasaktır (c) yoktur (d) geçerlidir (e) çıkışıdır (f) bozuktur (g) değildir 3 (a) vi (b) i (c) ii (d) iv (e) iii (f) vii (g) v (h) viii 4 Hasta her ay doktora gider. Bir ay doktor onu muayene ederek "Bugün öksürüğünüz çok iyi" der. Hasta şöyle cevap verir: "Tabii iyi olur doktor bey. Bütün gece sabaha kadar pratik yaptım." 5 (a) vi (b) iv (c) ii (d) i (e) v (f) iii 6 (a) anahtarı (b) müzikten (c) erkeğe (d) polise (e) köpeğe (f) Allaha (g) çocuğa (h) mektubu (i) otobüsten (j) karıncaya (k) müziği (l) yemekten (m) pencereyi (n) gemiye (o) hiçbir şeyden 7 (a) vii (b) v (c) i (d) ii (e) iv (f) iii (g) vi 8 (a) no, yes (b) yes, yes (c) yes, no (d) no, no (e) no, yes (f) no, yes (g) no, yes (h) no, yes (i) yes, no (j) yes, yes (k) no, yes (l) no, yes 9 (a) viii (b) vi (c) ii (d) vii (e) ix (f) i (g) iii (h) v (i) iv

Unit 8

Sorular 1 doğru 2 yanlış 3 yanlış 4 doğru

Alıştırmalar 1 (a) hayır (b) Ermenice (c) hayır 2 (a) iv (b) i (c) iii (d) v (e) ii 3 (a) Evet (b) Deniz sulu (c) Evet (d) Çınar Oteli (e) Pansiyon Berlin (f) Pansiyon Berlin (g) Osmanlı Oteli'nde (h) Çınar Oteli'nin (i) Çınar ve Berlin (j) Çınar ve Osmanlı (k) Çınar ve Osmanlı (l) Çınar Oteli'nde (m) Osmanlı Oteli'nin (n) Tenis ve yüzme (o) Siz bilirsiniz! 4 (a) ii (b) iii (c) iv (d) vi (e) i (f) v 5 (a) Hayır, edemezsiniz. (b) Evet, edebilirsiniz. (c) Hayır, edemezsiniz. (d) Hayır, edemezsiniz. 6 (a) v (b) iv (c) ii (d) i (e) iii 7 (a)

doğru (b) yanlış (c) doğru (d) yanlış (e)
doğru (f) yanlış (g) yanlış (h) yanlış (i)
doğru (j) yanlış **8** (a) arasın (b)
beklesinler (c) gitsinler (d) gidemem
(e) gitsin (f) getireyim (g) olmasın **9**
(a) doğru (b) doğru (c) yanlış –
kesinlikle görecek (d) yanlış (e) yanlış
– kesinlikle görecek (f) doğru (g)
doğru (h) yanlış – kesinlikle bazı
tarihi yerleri görecek (Kapadokya,
Aspendos, Dalyan, Side, Bergama,
Selçuk, İstanbul) **10** (a) USA,
American (b) Asia, Asian (c) Bosnia,
Bosnian (d) Bulgaria, Bulgarian (e)
China, Chinese (f) Wales, Welsh (g)
South Africa, South African (h) India,
Indian, (i) Cyprus, Cypriot (j) New
Zealand, New Zealander

Unit 9

Sorular 1 yanlış **2** doğru **3**
doğru **4** doğru
Alıştırmalar 1 (a) v (b) i (c) iv (d)
iii (e) ii (f) viii (g) vi (h) ix (i) x (j) vii
2 (a) inmek (b) gitmeyi (c) yemeyi
(d) yapmaktan (e) görmekten (f)
görmemeye (g) sürmeyi (h) gülmeye
(i) içmeyi (j) etmekten **3 çalışma
günleri**: a, b, d, i, j; **hafta sonu**: c, e,
f, g, h **4** (a) Gitmem gerekmez. (b)
Gitmemeliyim. (c) Seyretmesi
gerekmez. (d) Durmamalıyız. (e)
Sormanız gerekmez beyefendi. (f)
Onların ödemesi gerekmez. **5** c, h,
d, a, e, b, g, f **6** (a) vi (b) ix (c) vii
(d) ii (e) v (f) x (g) iv (h) iii (i) i (j) viii
7 sıcaklık: a, c, d, e, h, i; **cami**: b,
f, g, j **8** (a) vii (b) viii (c) i (d) x (e)
iii (f) ix (g) ii (h) iv (i) v (j) vi **9** (a) i
(b) i and ii (c) ii and iii (d) iii (e) i and
ii (f) i or ii (g) ii **10** (a) v – waiting
room (b) iii – pull-out bed (c) ii –
fountain pen (d) vi – time to go
(e) iv – reading week (f) i –

removable denture

Unit 10

Sorular 1 Çünkü çok fazla
güneşte kaldı. **2** Aspirin ve
merhem. **3** İshali var. **4** Hiçbir
şey.
Alıştırmalar 1 (a) iii (b) vi (c) i
(d) v (e) ii (f) iv **2** (a) yatarım (b)
olursa (c) görürüz (d) seversen (e)
alırım **3** (a) Eldiveni elinize
giyersiniz. (b) Gözlüğü gözlerinize
takarsınız. (c) Ceketi sırtınıza
giyersiniz. (d) Küpeyi kulağınıza
takarsınız. (e) Kaşkolu boynunuza
sararsınız. (f) Külotlu çorabı
bacağınıza giyersiniz. (g) Ruju
dudağınıza sürersiniz. (h) Saati
bileğinize takarsınız. (i) Şapkayı
başınıza giyersiniz. (j) Yüzüğü
parmağınıza takarsınız. **4** (a)
eczaneye (b) eczaneye (c) acil servise
(d) hiçbirşey yapmam (e) ya doktora
ya acil servisine giderim (f) hiçbirşey
yapmam (g) hiçbirşey yapmam (h) ya
eczaneye ya doktora (i) doktora
giderim (j) hiçbirşey yapmam **5**
ayak, popo, göbek, göğüs, ağız,
burun, kafa **6** (a) vii (b) vi (c) v (d)
iii (e) ii (f) i (g) x (h) iv (i) ix (j) viii
7 (a) Ali kadar (b) sizin kadar (c)
yarına kadar (d) bu kadar (e) sonuna
kadar (f) onlar kadar **8** (a)
altmışbeşbin + K. D. V. (b) hiçbir şey
(c) üç (d) kuzu şiş veya köfte (e)
karışık ızgara **9** gömlek, mayo,
tişört, şort, palto, çorap, bluz,
ayakkabı, kravat, takım

Unit 11

Sorular 1 üç **2** hayır
3 hayır **4** Parasını geri almak
istiyor.

Alıştırmalar 1 Üç yalan söyledi. **2** (a) iv (b) i (c) vi (d) ii (e) vii (f) iii (g) v **3** (a) kalktıktan (b) yaptıktan (c) binmeden (d) otururken (e) gelince (f) çalışırken (g) yedikten (h) dolaşırken (i) çıkmadan (j) giderken or gidince **4** (a) iii (b) iv (c) v (d) viii (e) ii (f) vii (g) vi (h) i **5** (a) çalmış (b) demiş (c) vermiş (d) demiş (e) başlamış (f) demiş (g) vermiş. **6** Öğleden sonra annem telefon etti. Bu akşam otobüsle geliyormuş. Üç gün bizimle kalacakmış. Otogardan alacaksın. Varan şirketinin ofisinde saat yedi buçukta olacakmış. Ben çarşıya gidiyorum. Akşam yemeğimizi annemle yiyeceğiz. Gitmeden önce lütfen evi topla biraz. Serpil. **7** Ocak, Şubat, Mart, Nisan, Mayıs, Haziran, Temmuz, Ağustos, Eylül, Ekim, Kasım, Aralık

Unit 12

Sorular 1 doğru **2** yanlış **3** doğru **4** doğru
Alıştırmalar 1 (a) These are the styles we like the most. (b) I don't know what I'll do/what to do. (c) The news you gave me isn't at all interesting. (d) What's the name of the wine we're drinking? (e) The man you're going to meet is the director of the firm. (f) The woman we helped yesterday is getting better now. (g) The people Ayşe mentioned have come. (h) Who's the man you hit? (i) The piece the orchestra will play tomorrow is Beethoven's fifth symphony. (j) The girl he was in love with didn't like him. **2** (a) oturduğum (b) sevdiği (c) bineceğimiz (d) gönderdiğin (e) geçen (f) kırdığın (g) gönderdiği (h) istediği (i) yiyen (j)

çizdiği **3** (a) iv (b) viii (c) v (d) vii (e) i (f) iii (g) vi (h) ii **4** (a) bambaşka (b) bembeyaz (c) bomboş (d) dümdüz (e) kapkara (f) masmavi (g) sapsarı (h) simsiyah (i) tertemiz (j) yemyeşil **5** (a) Pick, mix, take as much as you want. (b) a sweet shop **6** Şarlo (Charles Chaplin) **7** (a) Çarşıya gidip alışveriş yapıyorum. (b) Bana mektup yazıp teşekkür etti. (c) Lokantaya gidip şiş kebabı yiyelim. (d) Evde kalıp ders çalışmalıyım. (e) Saat beşte gelip tatil fotoğrafları getirecekmiş. (f) Eve gidip dinlensin. (g) Susup oturur musunuz? (h) Bu yolun sonuna kadar gidip sağa sapın. (i) Başbakan Antalya'ya gidip söylev vermiştir.

Unit 13

Sorular 1 Çünkü cüzdanını kaybetti. **2** Eşyalarının yanında oturan bir erkek gördü. **3** Çünkü otelden çıktıktan sonra cüzdanını kullandı. **4** Sally erkeğin nereli olduğunu söyleyemiyor.
Alıştırmalar 1 (a) v (b) i (c) ii (d) vi (e) vii (f) viii (g) iii (h) iv. The murderer was either the cook or the person doing the washing up as their statements contradict each other. **2** (a) "Bu çanta deri" (b) "Fikret üniversiteye gidecek" (c) "Bu yemek yağlı" (d) "Gül seni deli gibi seviyor." (e) "Isı otuz derece olacak." (f) "Yarın işim var" (g) "Dün partiye gittik." **3** (a) v (b) iv (c) ii (d) i (e) iii **4** (a) Akrep (23 Ekim – 21 Kasım) (b) Yay (22 Kasım – 21 Aralık) (c) Oğlak (22 Aralık – 21 Ocak) (d) Kova (22 Ocak – 19 Şubat) (e) Balık (20 Şubat – 20 Mart) (f) Koç (21 Mart – 20 Nisan) (g) Boğa (21 Nisan – 21 Mayıs)

(*h*) İkizler (22 Mayıs – 22 Haziran)
(*i*) Yengeç (23 Haziran – 22 Temmuz)
(*j*) Aslan (23 Temmuz – 22 Ağustos)
(*k*) Başak (23 Ağustos – 22 Eylül) (*l*)
Terazi (23 Eylül – 22 Ekim) **5** (*a*)
olduğunu (*b*) oturduğumu (*c*) yaptığımı
(*d*) sürdüğümden (*e*) olduğunu **6**
(*a*) halde (*b*) için (*c*) kadar (*d*) gibi (*e*)
-dan başka (*f*) zaman **7** (*a*) iii (b) i
(*c*) ii (*d*) iv **8** Try before you buy.
Literally: Try every wine you're
going to buy and then buy.

Unit 14

Sorular 1 doğru 2 doğru 3
yanlış 4 doğru
Alıştırmalar 1 (*a*) otururdu (*b*)
yapmazdı (*c*) seyrederdi (*d*) alırdı (*e*)
kavga etmezdi (*f*) otururdu (*g*)
ziyaret ederdi (*h*) giderdi (*i*) yerdi (*j*)
ütülerdi **2** (*a*) v (*b*) ii (*c*) i (*d*) iii (*e*)
iv **3** (*a*) Mayıs (b) Bayram olduğu
için belki boş oda kalmayacak. (*c*)
Çok fazla çalışıyor ve boş zamanı
yok. (*d*) İki ay sonra. **4** (*a*) Ali ve
Canan bakıştlar. or Ali ve Canan
birbirilerine baktılar. (*b*) Birbirimize
yardım edebiliriz. (*c*) Ali ve Canan
görüşemediler. or Ali ve Canan
birbirlerini göremediler. (*d*)
Bağırıştık. or Birbirimize bağırdık.
(*e*) Birbirimizden korkuyoruz. (*f*) Ali
ve Canan birbirlerinin zayıflıkarını
anlıyorlar. (*g*) Birbirimize
ihtiyacımız var. **5** (*a*) pişirmeyi (*b*)
korkutuyor (*c*) içirdi (*d*) çıktı (*e*)
çalışmıyor (f) kaçtı (*g*) yetiştirmek (*h*)
öldü (*i*) değiştirir misiniz? (*j*)
uyandım. **6** (*a*) yanlış (*b*) doğru (*c*)
doğru (*d*) doğru (*e*) doğru

Unit 15

Sorular 1 doğru 2 doğru 3

doğru **4** yanlış
Alıştırmalar 1 (*a*) çalındı (*b*)
uyandırıldım (*c*) değiştirilir(ler) (*d*)
keşfedildi (*e*) öğrenilir (*f*) satılır (*g*)
kapanır (*h*) oynanır (*i*) gösterilir (*j*)
yapılır. **2** (*a*) Atatürk (*b*)
Avustralyalı, Yeni Zelandalı, İngiliz
ve Fransız müttefiklere karşı (*c*)
Mimar Sinan (*d*) Atatürk (*e*) Fatih
Sultan Mehmet **3** (*a*) Take-away
service available (*b*) Parasols for sale
and for rent (*c*) Don't wash your feet
(*d*) Watch batteries fitted (*e*) Posters
not to be stuck here (*f*) This
building's conversion to natural gas
was done by 'Lightning Engineering'.
4 (*a*) ii (*b*) iv (*c*) v (*d*) i (*e*) iii (*f*) vi **5**
Londra **6** (*a*) x (*b*) i (*c*) vii (*d*) vi (*e*)
v (*f*) viii (*g*) iv (*h*) iii (*i*) ii (*j*) ix **7**
Literally: It is requested that
passengers wishing to buy a
concessionary ticket show their
concession cards. (What a mouthful!)

Unit 16

Sorular 1 yanlış 2 doğru 3
yanlış 4 doğru
Alıştırmalar 1 (*a*) ii (*b*) iv (*c*) v
(*d*) iii (*e*) i **2** (*a*) doğsaydım or
olsaydım (*b*) davransaydım (*c*)
olsaydı (*d*) evlenmeseydim (*e*)
seyretmeseydim (*f*) seçseydim (*g*)
dinleseydim (*h*) konuşabilseydim **3**
If your answers are mostly (*i*): You
can't discuss things with others.
Don't be afraid of expressing yourself
and exchanging ideas – your
happiness relies on it! If your
answers are mostly (ii): Beware of
nervous breakdowns! You expect too
much of others. Is this because you
are an idealist or just touchy? Things
will only get better if you try to find

out why. If your answers are mostly
(iii): You are angry with yourself.
Learn to love yourself more – no-one
else thinks as badly of you as you do!
If your answers are mostly (iv): You
get on well with others but routine
bores you. Use your wit and
sensitivity to maintain your own
interest in life as well as serving
others. **4** (*a*) iii (*b*) viii (*c*) i (*d*) iv (*e*)
ii (*f*) v (*g*) vi (*h*) vii **5** (*a*) doğru (*b*)
yanlış (*c*) doğru (*d*) doğru (*e*) yanlış
6 (*a*) 15 (*b*) 4 (*c*) 23 (*d*) 3 (*e*) 11 (*f*) 22
(*g*) 24 (*h*) 12 (*i*) 1 (*j*) 14

——— APPENDIX ———

Vowel harmony

e-type endings

For e-type endings, use this rule:

e	goes after	e i ö ü
a	goes after	a ı o u

The following are e-type endings:

-e	*to, for*
-den	*from*
-de	*at, on, in*
-le	*by, with, using*
-ce	*according to*

i-type endings

For i-type endings, use this rule:

i	goes after	e i
ı	goes after	a ı
ü	goes after	ö ü
u	goes after	o u

Here are some common i-type endings:

-ci	denotes a person or occupation
-li	*with, containing*

-lik	*-ness*
-siz	*without*

For those who are curious, below is an explanation of why Turkish uses the above rules:

You make different vowel sounds by a combination of three factors:

- raising your tongue (at the back or the front of the mouth);
- leaving a different amount of space between your tongue and the top of your mouth (open or closed);
- rounding your lips or not.

This table shows which of the three factors each Turkish vowel uses.

	Unrounded		**Rounded**	
	Open	**Closed**	**Open**	**Closed**
Front	e	i	ö	ü
Back	a	ı	o	u

From this table you can work out that:

- the **e** endings harmonise according to whether the preceding vowel is front or back;

- the **i** endings harmonise according to whether the preceding vowel is front or back *and* whether it's rounded or unrounded.

Word order

The verb usually goes at the end of a sentence. The basic word order in Turkish is therefore *the woman the book read* (subject-object-verb). For example:

Kadın kitabı okudu.   *The woman read the book*

This word order is not written in stone. It is flexible. *You can alter the order to emphasise a particular element.* You put the element you want to emphasise directly in front of the verb. If you want to stress that it was the woman (as opposed to the man) who read the book, you can say:

| **Kitabı kadın okudu.** | *The **woman** read the book quickly.* |

As a rule of thumb, you place adjectives and adverbs directly in front of the elements which they describe. So you put the word *big* (**büyük**) in front of the woman if the woman is big, and in front of the book if the book is big:

| **Büyük kadın kitabı okudu.** | literally *The big woman the book read.* |
| **Kadın büyük kitabı okudu.** | literally *The woman the big book read.* |

You put adverbs (for example, *quickly*) in front of the verb as they tell us more about that verb.

| **Kadın kitabı çabuk okudu.** | literally *The Woman the book quickly read.* |

If there is more than one adverb in a sentence, those which tell us *when* usually go before those which tell us *how* or *why*.

Stress

When listening to Turkish you may not always notice where a word is stressed, as stress is very light. As a crude rule of thumb, you stress the last syllable of a word.

The exceptions to this rule are:

- names of places (for example, **Lon**dra, İst**an**bul, **An**kara);
- adverbs (for example, **son**ra, **şim**di);
- some foreign loan words;
- where the last syllable is a form of the verb *to be*.

Note the stress in the following words:

| öğretmen**im** | *my teacher* |
| öğret**men**im | *I'm a teacher* |

Verb forms

yapmak	*to do*	page 51
yap	*do!* (informal)	page 46
yapın, yapınız	*do!* (formal)	page 46
yapıyorum	*I'm doing*	page 62
yaptım	*I did*	page 78
yapacağım	*I'll do*	page 92
yaparım	*I do, I intend to do*	page 108
yapar mısınız?	*would you do?*	page 110
yapabilirim	*I can do, I may do*	page 122
yapmalıyım	*I must do*	page 144
yapmam lazım	*I have to do*	page 143
yapardım	*I used to do, I would do*	page 207
yapıyordum	*I was doing*	page 195
yapmıştım	*I had done*	page 195
yapacaktım	*I was going to do*	page 223
yaptırıyorum	*I'm having it done*	page 208
yapılıyorum	*I'm being done*	page 220
yapmışım	*apparently I do / I did*	page 169
yapıp gittim	*I did it and I went*	page 186
yapmak istiyorum	*I want to do*	page 69
yapmayı seviyorum	*I like to do*	page 141
yapayım	*let me do*	page 126
yapalım	*let's do*	page 126
yapsın	*let him do, he should do*	page 126
eğer yaparsam, yaparım	*If I do it, I'll do it*	page 156
eğer yapsaydım, yapardım	*If I did it, I'd do it*	page 236
yaparak	*by doing*	page 112
yaparken	*whilst doing*	page 172
yapınca	*on doing, when I do / did*	page 172
yaptıktan sonra	*after doing*	page 172
yapmadan önce	*before doing*	page 172
yapmadan	*without doing*	page 172
yapar yapmaz	*as soon as I do / did it*	page 239
yapan	*the one who's doing / who did*	page 111
yapacak	*the one who'll do*	page 185
yaptığım	*the one which I did*	page 182
yapacağım	*the one which I'll do*	page 185

TURKISH–ENGLISH GLOSSARY

abi *'big brother'*
abone *subscriber, subscription*
acaba *I wonder*
acele *hurry*
acele etmek *to hurry*
acil *emergency*
açık *open, light-coloured*
acılı *a spicy starter* (literally *spicy*)
açılmak *to be opened*
açmak *to open*
ad *name*
ada *island*
adam *man*
Adana kebap *spicy grilled mincemeat*
adet *unit, piece*
adım *footstep*
adım adım *step by step*
affedersiniz *I'm sorry, excuse me*
afiyet olsun *bon appétit*
ağız *mouth*
ağlamak *to cry*
ağrı *ache, pain*
ağrımak *to hurt, to ache*
Ağustos *August*
ahır *stable*
aile *family*
akmak *to run, to seep*
akşam *evening*

alev *flame, flare*
alışveriş *shopping*
alkol *alcohol*
Allah Allah *my goodness*
Allah aşkına *for heaven's sake*
Allah korusun *may God protect*
Allah ısmarladık *goodbye* (when leaving someone else's house)
Allaha şükür *thank God*
Allahtan *luckily, fortunately*
almak *to take, to buy, to receive*
Alman *German*
alt *bottom*
altı *6*
altın *gold*
altmış *60*
ama *but*
amca *uncle*
anahtar *key*
anavatan *home country, motherland*
anırmak *to bray*
anlamak *to understand*
anlaşma *contract, agreement*
anlaşmak *to agree*
anlatmak *to explain*
anne *mother*
anneanne *grandmother* (mother's mother)
annemler *my mother's family*

apartman *apartment, flat*
aptal *silly, stupid*
araba *car*
Aralık *December*
aramak *to telephone, to seek*
arıza *breakdown, defect*
arka *back*
arkadaş *friend*
artık *now, at last, from now on*
artmak *to increase*
arzu etmek *to want, wish, desire*
asker *soldier*
aşağıda *below, downstairs*
aşçı *cook*
aşık olmak *to be in love with*
aşırı *extreme*
aşkolsun *shame on you*
at *horse*
ateş *heat, temperature*
atlamak *to jump*
atmak *to throw*
Avrupa *Europe*
Avşa *an island in the Marmara Sea*
ayak *foot*
ayakkabı *shoe*
ayna *mirror*
aynı *the same*
ayran *a salted yoghurt drink*
ayrıca *in addition, moreover*
ayrılmak *to leave*
az *little*

baba *father*
bacak *leg*
bağımsız *independent*
bağırmak *to cry out, to shout*
bahçe *garden*
bahsetmek (-den) *to discuss, to mention*
bakanlık *ministry*
baklava *a sweet pastry*
bakmak *to look*
bakmak (-e) *to look after*
bardak *glass*

basmak (-e) *to tread on, squash*
baş *head, start*
başarı *success*
başbakan *prime minister*
başı dönmek *to feel faint, to go dizzy*
başka *other, different, else*
başkası *someone else*
başkent *capital city*
başlamak *to start*
batmak *to sink*
bay *male*
Bay *Mr.*
bayağı *quite*
bayan *female*
Bayan *Mrs.*
bayılmak (-e) *to love doing something, to faint at*
bayram *public holiday*
bazen *sometimes*
bazı *some*
becermek *to manage to do, to carry out successfully*
beğenmek *to like*
bekâr *batchelor*
beklemek *to wait*
belki *maybe*
ben *I, me*
bence *in my opinion*
beraber *together*
berbat *terrible*
berber *barber*
beri (-den) *since*
beş *5*
beyaz *white*
beyefendi *Sir*
bıkmak (-den) *to get fed up of*
bırakmak *to stop, to give up, to leave something*
bıyık *moustache*
biber *pepper*
biftek *steak*
bildirmek *to inform, annouce*
bildirmek (-e) *to let someone know*

bile *even*
bilmek *to know*
bin *thousand*
bina *building*
binmek (-e) *to get into / onto
(a vehicle)*
bir *one, a*
bira *beer*
birahane *pub*
biraz *a little*
birbiri *each other*
biri *someone*
birinci *first*
birkaç *a few*
birlikte (ile) *together with*
bitirmek *to finish (something)*
bitmek *to come to an end*
biz *we*
blucin *blue jeans*
Boğaz *the Bosphorus*
boğaz *throat*
borç *debt*
boş *free, empty, vacant*
boşanmak *to get divorced*
boyacı *shoeshine boy*
boyamak *to polish shoes, to paint*
boyun *neck*
bozuk *broken, small change*
bozuk para *small change*
bölüm *department*
börek *pastry*
böyle *like this*
bu *this*
buçuk *half*
bugün *today*
bugünlerde *nowadays*
bulaşık *dirty dishes*
bulmak *to find*
buluşmak (ile) *to meet, to
rendezvous*
bunun için *because of this, therefore*
burası *here, this place*
burun *nose*
bu seferlik *just this once*

buyurun *here you are*
buz *ice*
büfe *food stand*
büro *office*
bütün *whole, all*
büyük *big*
büyükbaba *grandfather* (father's
father)
büyümek *to grow*
büyütmek *to bring up, to rear*

cacık *tsatsiki*
cadde *street, avenue*
cami *mosque*
canım *darling*
cesaretli *brave*
cevap *answer*
cevap vermek *to reply*
ciddi *serious*
cin *gin*
cömert *generous*
cuma *Friday*
cumartesi *Saturday*
cumhuriyet *republic*
cüzdan *purse, wallet*

çabuk *quick, quickly*
çağdaş *contemporary*
çağırmak *to call*
çakmak *to hammer, to strike,
to cotton on to what's happening*
çalışkan *hard-working*
çalışmak *to work*
çalışmak (-e) *to try to*
çalmak *to play an instrument, to
ring*
çamur *mud*
çarpmak (-e) *to hit, to knock, to beat*
çarşaf *sheet*
çarşamba *Wednesday*
çarşı *shopping centre, market*
çay *tea*
çekmek *to pull*
çerez *nibbles* (usually roasted nuts
and chickpeas)

çeşit *type*
çevre *surroundings, environment*
çıkar(t)mak *to take out, to take off*
  clothes
çıkış *exit*
çıkmak *to go out, to come out,*
  to crop up
çınlamak *to ring* (ear)
çıplak *naked*
çiçek *flower*
çiçekçi *flower seller*
çimen *grass*
Çin *China, Chinese*
Çingene *gypsy*
çirkin *ugly*
çizmek *to draw*
çocuk *child, lad*
çoğu *most*
çok *very*
çorap *sock*
çöp *rubbish*
çorba *soup*

daha *more*
dağ *mountain*
daire *flat, apartment, circle*
dakik *punctual*
dakika, dakka *minute*
dalga *wave*
danışma *advice*
davet etmek *to invite*
davranmak *to behave, to act*
davranmak (-e) *to treat, handle*
de *also, too*
defa *time, occasion*
değil *not*
değişken *changeable*
değişmek *to change*
değişmez *stable, unchanging*
deli *mad, crazy*
demek *to say*
deniz *sea*
derece *degree*
dernek *association, society*

ders *lesson*
ders çalışmak *to study (for a*
  course)
despot *despot, despotic*
devam etmek *to continue, to go on*
devamlı *constant, continuous*
dışarda *outside*
diğer *other*
dikkatli *careful*
dil *language, tongue*
dilek *wish*
dilemek *to wish*
dindar *religious*
dinlemek *to listen, to listen to*
dinlenmek *to relax*
dinozor *dinosaur*
diş *tooth*
dizi *series*
doğa *nature*
doğal *natural*
doğmak *to be born*
doğru *true*
doğrusu *truly, really*
doğum *birth*
doksan *90*
dokuz *9*
dolap *cupboard*
dolmuş *shared taxi*
dolu *full*
domates *tomato*
dondurma *ice-cream*
dost *friend, friendly*
dönem *period of time*
döner kebap *grilled lamb slices*
dönmek *to turn, to return*
dönüş *turning, return*
dört *4*
dört gözle beklemek *to look*
  forward to
dövmek *to crush, to beat*
dövülmüş *crushed, beaten*
duble *a double-sized drink*
dudak *lip*
durak *stop*

durmak *to stay, stop, remain*
durum *situation*
duş *shower*
duygulu *emotional*
düdük *beep*
dükkan *shop*
dün *yesterday*
dünya *world*
düşmek *to fall*
düşünmek *to think*
düşürmek *to drop*
düz *straight*
düzenli *tidy*

eczacı *pharmacist*
eczane *chemist's*
efendim *Sir, Madam, pardon?*
Efes *Ephesus*
eğer *if*
eğlenmek *to enjoy*
ekim *October*
ekmek *bread*
el *hand*
elbise *clothes, dress*
elde etmek *to obtain, to achieve*
eldiven *gloves*
elektrikçi *electrician*
elli *50*
emin *sure, certain*
emlak *real estate, property*
en *most*
en son *last, final*
en sonunda *finally, in the end*
endişeli *anxious, worried, concerned*
erkek *man, male*
erken *early*
Ermeni *Armenian*
ertesi *after*
ertesi gün *the following day*
eski *old*
eskiden *formerly, in the past*
esmer *olive-skinned*
esprili *witty*
eş *husband or wife (spouse)*
eşek *donkey*

eşyalar *things, belongings*
et *meat*
ev *home*
ev hanımı *housewife*
evlenmek (ile) *to get married (to)*
evli *married*
evvelki *previous*
evvelki gün *the day before yesterday*
eylül *September*
eyvah *good grief*

fabrika *factory*
fakat *however*
falan *roughly, ... or so*
fark *difference*
fark etmek *to notice, to make a difference*
fark etmez *never mind*
fazla *too, too much*
felaket *disaster*
fena *bad*
fethetmek *to conquer*
fırçalamak *to brush*
fikir *idea*
filan falan *and so on*
fincan *cup*
fiş *official VAT receipt*
fiyat *price*
fon *background, setting*
Fransız *French*
futbol *football*

galiba *presumably, I think*
garson *waiter*
gazete *newspaper*
gece *night*
geç *late*
geç kalmak *to be late*
geçerli *valid*
geçimli *easy to get on with*
geçimsiz *difficult to get on with*
geçinmek *to get by, to get on*
geçirmek *to spend (time)*
geçmek (-den) *to pass (over)*
gelecek *the future*

geliş *arrival*
gelişmek *to develop*
gelmek *to come*
gemi *boat*
genç *young*
gençlik *youth*
gene *again, still*
genelde *generally*
genellikle *generally*
gerçek *real, true*
gerçekleşmek *to come true*
gerçekleştirmek *to realize, to make come true*
gerek *necessity, need*
gerekli *necessary, needed*
gerekmek *to be necessary*
geri *back*
getirmek *to bring*
gezmek *to tour, walk / travel around*
gibi *like, similar to*
gidermek *to remove, to get rid of*
gidiş *departure*
gidiş-dönüş *round trip*
girgin *sociable*
giriş *entry*
giyinmek *to get dressed*
giymek *to wear, to put on*
giysiler *clothes*
göbek *belly*
göğüs *breast, chest*
gölge *shadow*
gömlek *shirt*
görev *duty, obligation*
görevli *employee*
görmek *to see*
görünmek *to look, to appear*
görünmez *unforeseen, invisible*
görüşmek *to see one another*
göstermek *to show*
götürmek *to take, to transport, to carry (away)*
göz *eye*
gözlük *glasses*
grip *flu*

grup *group*
güldürmek *to make someone laugh*
gülmek *to smile, to laugh*
gümüş *silver*
gün *day*
güneş *sun*
güneşlenmiş *suntanned*
güney *south*
günlük *daily*
günün birinde *one day*
gürültü *noise*
güven *trust*
güzel *nice, beautiful*
güzellik *beauty*

haber *news*
haber vermek (-e) *to inform, tell (someone)*
hadi *right, come on*
hafıza *memory*
hafta *week*
hakkında *about, on the subject of*
hal *state, condition*
hâlâ *still, yet*
halı *carpet*
halk *people, 'folk'*
hamam *Turkish bath*
han *a large commercial building*
hangi *which*
hanımefendi *Madam*
hariç *except*
hassas *sensitive*
hasta *ill, an ill person*
hastalanmak *to become ill*
hat *line*
hatırlamak *to remember*
hatırlatmak (-e) *to remind (someone)*
hava *weather, air*
havalimanı *airport*
havuç *carrot*
hayal *imagination*
hayret *surprise, surprising*
hazır *ready, ready-made*

haziran *June*
hediye *present*
hem de nasıl! *and how!*
hem ... hem ... *both ... and ...*
hemen *straight away*
hemen hemen *almost*
hemen şimdi *just now, just*
hemşire *nurse*
henüz *still, not yet*
hep *all*
hepimiz *all of us*
hepsi *all of it, everyone, everything*
her zaman *always*
herhalde *certainly, for sure*
hesap *bill*
hesaplamak *to calculate*
heyecanlı *excitable, passionate*
heykel *statue*
hırsız *thief*
hızlı *quick, quickly*
hiç *any, at all*
hiçbir şey *nothing*
hikâye *story*
Hint *Indian, Hindi*
hissetmek *to feel*
Hollandalı *Dutch*
hoş *pleasant, nice*
hoşlanmak (-den) *to enjoy*
huysuz *bad-tempered*

Irak *Iraq*
ısı *temperature*
ışık *light*
ısınmak *to warm up*
ısmarlamak *to order*

için *for, because of*
içki *alcoholic drink*
içmek *to drink, to smoke tobacco,*
to take medicine
iğrenç *disgusting*
ihtilal *revolution*
ihtiyaç *need*
iki *2*
ikisi *both of them*

ilaç *medicine*
ilan *notice, advertisement*
ile *with*
ileride *further on*
ilgili (ile) *interested (in), to do with*
ilginç *interesting*
ilk *first*
ilk önce *first of all*
imdat *help, assistance, emergency*
inanılmaz *unbelievable*
inanmak (-e) *to believe*
inatçı *stubborn*
ince *fine, slim, graceful*
İngiliz *English* (nationality)
İngilizce *English* (language)
inmek (-den) *to get off, out of,*
to go / come down
inşa etmek *to build*
inşallah *God willing, hopefully*
ip *string, thread*
İrlanda *Ireland*
İrlandalı *Irishman / woman*
ishal *diarrhoea*
İskoçyalı *Scottish*
istakoz *crab*
İstanbullu *a person from Istanbul*
istek *request*
istemek *to want, to ask for*
İsveççe *Swedish* (language)
İsveçli *Swedish* (nationality)
iş *work*
iş adamı *businessman*
işçi *worker*
işte *here it is, voilà*
itiraf etmek *to confess*
itmek *to push*
iyi *good*
iyileşmek *to get better, to recover*
iyilik *goodness*
izin *permission, holiday from work*
izlemek *to follow*

jandarma *military police*
jeton *token*

jilet *razor*

kabuk *skin, shell*
kabul etmek *to agree (to)*
kaç *how much, how many*
kaçınmak (-den) *to avoid*
kaçırmak *to let get away, to miss*
kaçmak *to escape, run away*
kadar (-e) *until, as far as*
kadın *woman*
kafa *head*
kahretsin! *damn!*
kahve *coffee*
kahverengi *brown, coffee-coloured*
kalabalık *crowded*
kalamar *squid*
kale *castle*
kalem *pen*
kalite *quality*
kalkış *departure*
kalkmak *to get up, to depart*
kalmak *to remain, to stay*
kalp *heart*
kamyon *lorry*
kanamak *to bleed*
kapalı *closed, covered*
kapamak *to close*
kapatmak *to close*
kapı *door, gate*
kaprisli *capricious, changeable*
kar *snow*
kar yağmak *to snow*
kara *dark*
karakol *police station*
karamsar *pessimistic*
karanlık *dark*
kardeş *brother or sister*
karın *stomach*
karınca *ant*
karışık *mixed, confused*
karışmak (-e) *to interfere (in)*
karıştırmak *to mix*
karides *prawn*
karşı (-e) *against*
kart *card*

kasadar *cashier*
kasım *November*
kaşık *spoon*
kaşkol *scarf*
kat *layer, level*
katılmak (-e) *to join, to participate in*
kavga etmek *to fight, to argue*
kavun *melon*
kayak yapmak *to ski*
kaybetmek *to lose*
kaybolmak *to be lost*
kayıt *recording*
kaza *accident*
kazak *coat*
kazanmak *to win, to earn*
K.D.V. *VAT*
kedi *cat*
kel *bald*
kenar *edge, shore*
kendi *self*
kere *time, occasion*
kereste *timber*
kesinlikle *definitely*
keşfetmek *to discover*
keşke *if only, I wish*
kırk *40*
kırmak *to break*
kırmızı *red*
kısa *short*
kıskanç *jealous*
kısmak *to reduce, to lower, to turn down*
kış *winter*
kıvırcık *curly*
kız *daughter*
kızdırmak *to annoy*
kızıl *red*
kızkardeş *sister*
kızmak (-e) *to be annoyed (with)*
ki! *!*
kibar *polite*
kibirli *proud, arrogant*
kilim *rug, kilim*
kilo *kilo*

kim *who*
kimse *no-one*
kimyon *cumin*
kira *rent*
kiraya vermek *to rent out*
kirli *dirty*
kişi *person*
kitap *book*
klima *air-conditioning*
kol *arm*
kolay *easy*
komik *funny*
komşu *neighbour*
kontrol etmek *to check*
konuşkan *talkative*
konuşmak(ile) *to talk (to)*
korkmak (-den) *to fear,
to be afraid of*
korkutmak *to scare, to make afraid*
koruyucu *protective*
kova *bucket*
koymak *to put*
koyu *dark-coloured*
köfte *meatball*
köprü *bridge*
köpürmek *to foam, to foam at
the mouth*
kör *blind*
köşe *corner*
kötü *bad*
krem *cream*
kuaför *hairdresser*
kulak *ear*
kulakları çınlatmak *to make
someone's ears burn*
kule *tower*
kullanış *usage*
kullanmak *to use*
kum *sand*
kurban *sacrifice*
kurmak *to establish, to found*
kurşun *lead*
kurtuluş *freedom, liberation*
kusura bakmayın *forgive me, I'm
sorry*

kusursuz *faultless, perfect*
kutu *box, carton, tin*
kuvvetli *powerful, strong*
kuyruk *tail, queue*
kuzen *cousin*
küçük *small, young*
küfür etmek *to swear*
külot *panties, underpants*
külotlu çorap *tights*
kültür *culture*
küpe *earring*
Kürt *Kurd*
kütüphane *library*

lahmacun *a thin pizza-like snack*
lazım *necessary, needed*
lira *lira*
lokanta *restaurant*
Londralı *Londoner*
lüks *luxurious*

maalesef *unfortunately,
I'm afraid not*
macera *adventure*
maceracı *adventurous*
macun *paste*
maç *sports match*
maden suyu *mineral water*
mahalle *district*
makine *machine*
makyaj *make up*
mamafih *however*
manav *greengrocer*
mantar *cork, mushroom*
manzara *view, panorama*
mart *March*
masa *table*
mavi *blue*
maydanoz *parsley*
mayıs *May*
mayo *swimming costume*
mazeret *excuse, reason*
mecbur *forced, compelled*
mektup *letter*

memnun *happy*
memur *official*
mendil *handkerchief*
merak etmek *to worry*
merhem *lotion, ointment*
merkez *centre of town*
mesaj *message*
meslek *job, profession*
meşgul *busy, occupied*
meşrubat *drink* (noun)
meydan *town or village square*
meyhane *tavern*
meyve *fruit*
meze *starter*
midye *mussel*
milli piyango *national lottery*
milliyet *nationality*
milyar *1,000,000,000*
milyon *1,000,000*
mimar *architect*
misafir *guest*
model *style, type*
motif *design, pattern*
mönü *menu*
muayene etmek *to examine*
mutfak *kitchen*
mutlaka *surely, definitely*
mutlu *happy*
muz *banana*
müdür *director, principal*
mülteci *refugee*
müsaade etmek *to permit*
müşteri *customer*
müttefikler *allies*
müze *museum*
müzisyen *musician*

nadiren *rarely*
nasıl *how*
ne *what*
ne kadar *how much*
ne ... ne ... *neither ... nor ...*
ne zaman *when*
nefret etmek (-den) *to hate*
nerede *where*

nereli *what nationality*
neresi *whereabouts*
neşeli *cheerful*
neyse *well, ...*
nezle olmak *to have a cold*
nisan *April*
nohut *chickpea*
numara *number*

o zaman *then, in that case*
ocak *January*
oda *room*
oğul *son*
olay *event, occurrence*
oldu *right, OK, that's settled*
oldukça *quite*
olmak *to be, to become*
olumsuz *negative*
on *10*
orada *there*
oralarda *thereabouts*
orası *there, that place*
orta *middle*
otel *hotel*
otogar *bus station*
oturmak *to sit, to live*
otuz *30*
oyun *play*

öbür *the other*
ödemek *to pay*
ödünç vermek *to lend*
öğle *midday*
öğrenmek *to learn, to find out*
öğrenci *student*
öğüt *advice*
öksürmek *to cough*
öksürük *cough*
öldürmek *to kill*
ömür *life*
ön *front*
önce *firstly, earlier, ago*
önemli *important*
önümüzdeki *the coming, next*
öpmek *to kiss*

örtmek *to cover*
öyle *like that*
özel *special, private*
özür dilemek (-den) *to apologise (to)*

pahalı *expensive*
palto *coat*
pamuk *cotton*
pansiyon *guest house*
para *money*
park etmek *to park*
parmak *finger*
parti *party*
pasaj *passage*
patates *potato*
patlıcan *aubergine*
pazar *Sunday*
pazarlama *marketing*
pazarlık yapmak *to bargain, haggle*
pazartesi *Monday*
pek *very, a lot*
perşembe *Thursday*
peyzaj *landscape*
pil *battery*
piliç *chicken*
pis *dirty*
pişirmek *to bake, to cook*
pişman olmak *to have regrets*
plaj *beach*
planlamak *to plan, to organise*
polis *policeman / woman*
politikacı *politician*
popo *bottom, bum*
portakal suyu *orange juice*
portre *portrait*
postalamak *to post*
postane *post office*
pratik *practice*
proje *project*
P.T.T. *post office*
pul *stamp*
püre *puree*

raf *shelf*
rahat *comfortable*

rahatsız etmek *to disturb*
rakam *figure, digit*
rakı *an alcoholic aniseed drink*
rastlamak (-e) *to meet by chance*
rejim *diet*
renk *colour*
renkli *colourful*
resim *picture*
ressam *painter, artist*
rica etmek *to request*
riya *hypocrisy, two-facedness*
ruh *spirit, soul, character*
ruj *lipstick*
rüya *dream*

saat *hour, clock, watch*
sabah *morning*
sabah sabah *early in the morning*
sabırlı *patient*
saç *hair*
saç kestirmek *to have a haircut*
saçma *nonsense*
sade *plain*
sadece *only*
sağ *right, well, alive*
sağ olun *thanks*
sağlamak *to provide, to ensure, to guarantee*
sağlık *health*
sahi *really, truly*
sahil *coast*
sakal *beard*
sakin *quiet, calm*
saklamak *to hide*
salata *salad*
saldırgan *violent*
salep *a hot semolina drink*
salı *Tuesday*
salon *room*
samimi *genuine, sincere*
sanat *art*
sanatçı *artist, actor*
sanayi *manufacturer, industry*
sandöviç *sandwich*

saniye *second*
sanmak *to suppose, to think, to reckon*
sapmak *to turn*
sarhoş *drunk*
sarı *yellow, blonde*
sarmısak *garlic*
sataşmak (-e) *to harrass*
satıcı *salesman*
satılık *for sale*
satmak *to sell*
savaş *war*
savaşmak *to fight*
sayı *number, count*
Sayın ... *Dear ...* (formal)
saymak *to count*
sebze *vegetables*
seçmek *to choose*
sefer *time, occasion*
sekiz *8*
seksen *80*
selam *hello*
sempatik *likeable*
sene *year*
serin *cool*
ses *sound, voice*
sessiz *quiet*
sevgilerle *with love*
Sevgili ... *Dear ...* (informal)
sevişmek *to make love*
sevmek *to like, to love*
seyahat *journey, travel*
seyretmek *to watch*
sezmek *to sense, to perceive*
sezon *season*
sıcak *hot*
sıfır *zero*
sığınmak *to take refuge, to shelter*
sık sık *often*
sıkıcı *boring*
sıkılmak (-den) *to get bored,*
  to get fed up (of)
sınav *exam*
sınavda kalmak *to fail an exam*
sınıf *class*

sıra *row, line, queue, turn*
sırt *back*
sigara *cigarette*
silah *gun*
silmek *to wipe*
sinema *cinema*
sinir *nerve*
sinirli *irritable*
siyah *black*
sizce *in your opinion*
soğuk *cold*
soğutmak *to make cool, to alienate*
sohbet etmek *to chat*
sokak *street*
sokmak *to insert, to put in*
sol *left*
sonra *later*
sonsuz *endless*
sonuçta *in the end*
sormak (-e) *to ask (someone)*
sosis *sausage*
soyad *surname*
söylemek *to say, to sing*
söylenmek *to mutter*
spiker *announcer*
su *water*
sunmak *to present, to offer, to submit*
sunucu *compère, presenter*
susamak *to get thirsty, to be thirsty*
susmak *to be quiet*
süper *super*
sürdürmek *to continue, to keep on*
süre *period of time*
sürekli *continuously*
sürmek *to drive, to last, to rub,*
  to spread
sürpriz *surprise*
süt *milk*

şaka *joke*
şaka etmek *to joke*
şans *luck*
şapka *hat*
şarkı *song*

şarkı söylemek *to sing a song*
şart *condition, necessity*
şaşırmak *to be confused,*
   to be amazed
şato *castle*
şb. *see* şube
şef *boss*
şehir *city*
şeker *sugar, sweets*
şemsiye *umbrella, parasol*
şerefe *cheers*
şey *thing*
şikâyet etmek *complaint*
şimdi *now*
şimdiki *current*
şimdilik *for the moment, for now*
şirket *company*
şişe *bottle*
şişmanlamak *to get fat*
şoför *driver*
şort *shorts*
şöyle *like, this, this way*
şubat *February*
şube *branch, office*

tabii *certainly, of course*
tada bakmak *to have a taste of,*
   to sample
tahin *sesame oil*
tahmin etmek *to guess*
takım *suit, team*
takım elbise *suit*
takip etmek *to follow, to pursue*
takmak *to attach, to fasten,*
   to put on, to affix
tam *exactly, full*
tamam *OK*
tane *item, piece*
tanımak *to know someone,*
   to be acquainted with
tanınmış *well-known, famous*
tanışmak *to meet for the first time*
tanıştırmak *to introduce (someone)*
taraf *side*

tarak *comb*
taramak *to comb*
tarif etmek *to describe*
tarih *date, history*
tarihçi *historian*
tarihi *historical*
tartışmacı *argumentative*
taşımak *to carry*
taşınmak *to move house*
tat *taste*
tatil *holiday*
tatlı *sweet*
tatsız *tasteless*
tava *fried*
tavsiye etmek *to suggest, recommend*
taze *fresh*
tedbirli *cautious*
tehlikeli *dangerous*
teklif *offer*
teklif etmek *to offer*
tekrar *again*
tekstil *textile*
telefon etmek *to telephone*
televizyon *television*
temiz *clean*
temizlemek *to clean*
temmuz *July*
terk etmek *to leave, to abandon*
terlemek *to sweat, to be too hot*
ters *opposite*
teslim etmek *to deliver*
teşekkür etmek *to thank*
teyp *tape*
teyze *aunt* (mother's sister)
tipik *typical*
tıraş *shave*
tişört *T-shirt*
toleranslı *tolerant*
top *ball*
toplamak *to tidy up*
toplanmak *to gather together,*
   to meet
toplantı *meeting*
torba *bag*

torun *grandchild*
tur *tour*
turuncu *orange*
tutmak *to keep, hold*
tuz *salt*
tüm *all, every, entire*
Türk *Turkish, Turk*
Türkçe *Turkish*

ucuz *cheap*
uçak *aeroplane*
uçuş *flight*
ufak *small*
ummak *to hope*
unutmak *to forget*
utangaç *shy*
utanmaz *shameless, impudent*
uyanık *alert, awake*
uyanmak *to wake up*
uygun *suitable*
uyruk *citizen*
uyumak *to sleep*
uzak *far*
uzatmak *to extend, to stretch*
uzun *long*

üç *3*
üf ya! *oh no!*
ülke *country*
üniversite *university*
ünlü *famous*
üstü *change, left-over money*
ütülemek *to iron*
üzeri *outer surface*
üzülmek *to be sorry*

vallahi *I swear it's true*
vapur *steam ferry*
var etmek *to create*
var olmak *to exist*
varlıklı *wealthy*
vay *well well*
ve *and*
vejetaryen *vegetarian*
vergi *tax*

vermek *to give*
viski *whisky*
voleybol *volleyball*
vurmak (-e) *to hit*

ya ... ya ... *either ... or ...*
yabancı *stranger, foreigner, strange, foreign*
yağ *oil, fat*
yağmur yağmak *to rain*
yakın *near*
yakışıklı *handsome*
yakışmak *to be attractive*
yakmak *to burn, to light*
yalan *lie*
yan *side*
yani *well, I mean ...*
yanlış *wrong*
yanmak *to burn*
yalnız *alone*
yansımak *to be reflected*
yapımcı *producer*
yapışmak *to stick*
yapıştırmak *to stick something*
yapmak *to do*
yaratıcı *creative*
yaratmak *to create*
yardım etmek (-e) *to help (someone)*
yarım *half, half past midnight*
yarın *tomorrow*
yarısı *half of it*
yasak *forbidden*
yaş *age*
yaşamak *to live*
yaşlı *elderly, old*
yat *yacht*
yatak *bed*
yatırmak *to deposit*
yatmak *to go to bed, lie down*
yavaş *slow, slowly*
yavrum *darling, dear, honey*
yaya *pedestrian*
yaz *summer*
yazık *pity*

yazmak *to write*
yedi *7*
yemek *food, meal, to eat*
yenge *uncle's wife*
yeni *new, recently, just now*
yer *place, the ground*
yerleşmek *to settle*
yerli *local, domestic*
    (i.e. not foreign)
yeşil *green*
yeterince *sufficient, enough*
yetimhane *orphanage*
yetişmek *to grow, to grow up*
yetmek *to be enough, to suffice*
yetmiş *70*
yıkamak *to wash*
yıkanmak *to wash yourself*
yıl *year*
yıldız *star*
yine *again, still*
yirmi *20*
yoğurt *yoghurt*
yok *there isn't*
yok canım *come off it!*
yok etmek *to get rid of*
yok olmak *to disappear*
yoksa *or else*
yol *way, road*

yolculuk *journey*
yorgun *tired*
yorulmak *to be tired, to grow tired*
yön *direction*
yumruk atmak (-e) *to punch*
yumurta *egg*
yurt *country*
yüksek *high, loud*
yürümek *to walk, to run*
yürüyerek *by walking, on foot*
yürüyüşe çıkmak *to go out for*
    a walk
yüz *100, face*
yüzme havuzu *swimming pool*
yüzmek *to swim*
yüzük *ring*

zaman *time*
zaman zaman *now and then,*
    from time to time
zannetmek *to reckon, to think*
zaten *anyhow, in any case*
zayıf *weak, slim*
zayıflık *weakness*
zeki *clever, intelligent*
zeytin *olives*
ziyaret etmek *to visit*
zor *difficult*

INDEX TO
GRAMMAR POINTS